図で理解する
生徒指導・教育相談

佐々木雄二
笠井　仁　編著

福村出版

Ⓡ〈日本複写権センター委託出版物〉

本書を無断で複写複製(コピー)することは、著作権法上の例外を除き、禁じられています。本書をコピーされる場合は、事前に日本複写権センター(JRRC)の許諾を受けてください。

JRRC〈http://www.jrrc.or.jp　eメール:info@jrrc.or.jp　電話:03-3401-2382〉

まえがき

　教育の場は，児童生徒たちが将来に必要な知識と技術を身につけて自分自身の力を伸ばすとともに，1人ひとりがすこやかに生き生きと生活していくことができるように支援していく場でもあるだろう。子どもたちがやさしいふるまいをした，勇気ある行いをした，特別な成果を達成した，というようなことが話題になることもときにはある。しかしそれ以上に，不登校やいじめ，自殺，非行，無気力といった問題の報道は跡を絶たない。

　近年では，学習障害や注意欠陥多動性障害，アスペルガー障害といった発達障害についても，生徒指導や教育相談のうえで大きな課題になっている。技術革新にともなって，子どもたちがインターネットを利用したり携帯電話をもつことが当たり前になっている現状において，そのような環境とのつきあい方が話題に上ることも多い。学校という場でさまざまなストレスにさらされている子どもたちが，自分自身を守り，まわりとうまくやっていくためのストレスマネジメントも今もとめられている課題である。本書は，このような今日的な課題も含めて，生徒指導・教育相談を学ぶためのテキストとして編まれた。

　本書の特色は，何よりも大学教職課程での「生徒指導・教育相談」の教科書として用いることを念頭に置いて，図，表，イラスト，写真といった素材を中心にして，できるだけわかりやすい記述を心がけたことにある。本文はなるべく簡潔なものにして，説明の必要な専門用語や術語については，欄外に詳しく記述して学習の便を図った。本書を大学の授業のなかで用いる場合には，資料集として本書の図表を参照しながら，説明に工夫を加えることができるだろう。

　もう1つの特色は，執筆者がいずれも臨床実践も行っている臨床心理学者たちであることにある。現場での実践感覚にもとづいて，児童生徒たちの心の問題の理解とその対応について説明を行った。教え導くという視点だけに留まらない柔軟で多面的な姿勢を少しでも伝えることができているようであれば，編者のよろ

こびである。

　この本のもとになった『図でよむ心理学　生徒指導・教育相談』は1991年に刊行されて以来，多くの大学で教科書として採用されて好評を得，版を重ねてきた。1997年にはデータに関する部分の改定を行い，教育の現場の実態に即した内容にするべく努めてはきたが，その後も上に記したような状況が生じるなかで，カバーしきれない問題も出てきた。そこで今回，前書の特色と基本的な枠組みは活かしながらも，新しく起こってきた問題も取り扱うことができるように編み直したものが本書である。

　本書が児童生徒を理解し，その指導や援助をすすめるうえで必要な基礎知識を提供する教科書，参考資料として役立てていただくことを願っている。そして，子どもたちのすこやかな成長に少しでも寄与することができるようであればさいわいである。最後に，本書の刊行の機会を与えていただいた福村出版に心からお礼を申し上げたい。

　　2010年8月

　　　　　　　　　　　　　　　　　　　　　　　　　　　　編　者

もくじ

まえがき (3)

I部 総論

1章 生徒指導・教育相談とは■序論……………………………… 7
2章 生徒指導を進める■生徒指導の体制……………………………… 15
3章 教育相談を進める■教育相談の体制……………………………… 25
コラム1■教育基本法……………………………… 36

II部 生徒理解

4章 サインを見逃すな■問題の把握……………………………… 37
5章 心理テストを活用する■問題の理解……………………………… 47
6章 立場の違いを考える■教師・生徒関係……………………………… 57
コラム2■携帯電話……………………………… 66

III部 問題行動

7章 特別支援を要する子どもたち■発達障害……………………………… 67
8章 学校とあわない子どもたち■不登校……………………………… 77
9章 友達のあいだで■いじめと孤立……………………………… 87
10章 心が身体に影響する■神経症・心身症……………………………… 97
11章 アウトサイダーの子どもたち■非行……………………………… 107
12章 やる気にならない■勉強嫌い・無気力……………………………… 119
コラム3■死の準備教育……………………………… 130

Ⅳ部　解決策

13章　心の悩みを援助する■カウンセリング…………………………… 131

14章　「スキル育て」による心育て■認知行動療法による教育相談 …… 143

15章　対人関係にアプローチする■交流分析……………………………… 153

16章　「心」の深層をさぐる■分析心理療法，箱庭療法 ………………… 163

17章　ストレスとの付き合い方を支援する■ストレスマネジメント教育…… 173

コラム４■スクールソーシャルワーカー………………………………… 184

引用・参考文献…………………………………………………………… 185

索　引……………………………………………………………………… 192

Ⅰ部 総論

1章 生徒指導・教育相談とは
■序論

生徒指導・教育相談とはなにか
心身の「健康」をどうとらえるか
生徒指導の歴史をふり返る
今日の生徒指導の課題はなにか
心の健康と発達段階を考える
身体の健康と発達段階を考える

児童生徒をめぐる問題は多い

生徒指導・教育相談とはなにか

定義：生徒指導——生徒1人ひとりが校内，校外における現在の心理社会的環境へ適応できるように，さらには将来の社会生活における適応や自己実現に役立つように，生徒の個性と発達段階に即して，心身の健康と社会性を育成・促進することを目的にした教育的指導活動である。

生徒指導には2つの側面がある。すなわち，生徒の心身の健康を促進し，生徒1人ひとりが心理社会的な能力を発揮できるようにする積極的な側面と，不登校，いじめ，非行などの学校不適応や問題

教育相談の一場面

行動などを起こしかけていたり，現に起こしている生徒の健康が回復するように援助・指導するといった消極的側面である。

　教育相談とは，一般に生徒の教育上の問題について，本人，両親または担任教師が適切な援助を与えることであるが，教育相談を生徒指導との関係で位置付ける場合には，生徒指導のなかに含まれることになる。すなわち教育相談とは以下のように定義することができよう。

　　定義：教育相談──主として生徒の適応障害や非社会的，反社会的な行動の予防や回復を目的にした，個別的な生徒指導をいう。

生体内, 個人および環境の相互作業

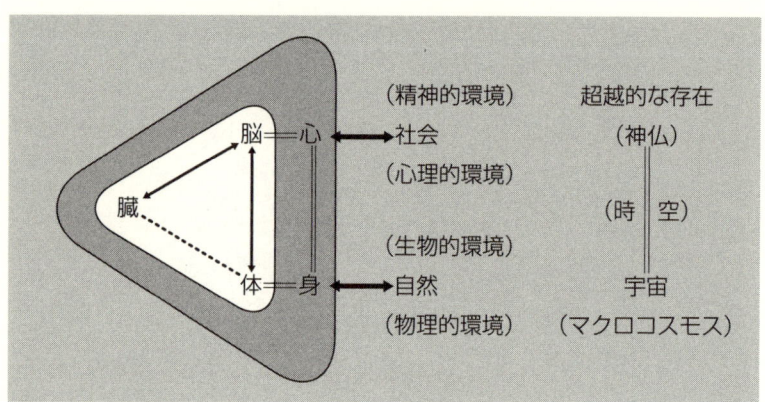

心身の「健康」をどうとらえるか

健康（health）の語源は,「全体, 完全, 一体」などを意味するhál（whole）であり, 健康について考えるときには, 人間をつねに生理・心理・社会的な存在として把握しなければならない。このような健康を定義すれば, 以下のようになる。

> **定義：健康**——健康とは, たんに身体的に病気でないという消極的な意味でなく, 心理的にも社会的にも十分にその機能が維持され, 人間の3側面, すなわち生理的, 心理的, 社会的な各側面が相互に協調しながら, それぞれが「完全」に, しかも「一体」となって機能している状態であり, 少々のストレス状況下に置かれたとしても, 機能不全に陥らないだけの抵抗力と対応力のある心身の状態であること。

人間はいつも良好な環境のなかで生活できるとは限らない。きわめて良好な環境のなかで生活しているときには健康な生活ができていたとしても, わずかな環境の変化で心身の健康が失われるならば, 本当の意味で健康とはいえないであろう。

> **定義：心の健康（メンタルヘルス）**——「心」の機能が, 社会的変化に即応し, 社会と調和を保ちながら, 本来の自分らしさを十分に発揮できるような良好な状態に維持されていることである。

わが国における生徒指導の歴史

(1) 揺籃期：大正期

1919（大正8）年	大阪市，市立児童相談所
1922（大正11）年	文部省主催の職業指導講習会
1925（大正14）年	東京都麹町区児童教育相談所

(2) 啓蒙期：昭和前期

1927（昭和2）年	文部省「児童生徒ノ個性尊重及職業指導ニ関スル件」（大臣訓令）
1936（昭和11）年	東京文理科大学教育相談所
1943（昭和18）年	中学校における「修練課程」の設定

(3) 導入期・移行期・対立期・定着期：昭和後期

1949（昭和24）年	文部省『児童の理解と指導』『中学校・高等学校の生徒指導』
1964（昭和39）年	生徒指導主事100名の配置
1965（昭和40）年	文部省『生徒指導の手引』の配布
1981（昭和56）年	文部省『生徒指導の手引（改訂版)』

生徒指導の歴史をふり返る

　わが国の生徒指導は，大正期の「職業指導」「職業相談」，すなわち青少年が個々の適性に合わせて職業を選択できるように指導することから始まり，しだいに社会生活の基盤として必要な社会性，道徳性の育成や健康教育も含めた全人的教育へと発展してきた。
　教育相談は，1965（昭和40）年の『生徒指導の手引』において，生徒指導のなかでの位置づけが行われたが，その後の不登校や校内暴力などの増加に伴って，大きな位置を占めるようになっている。

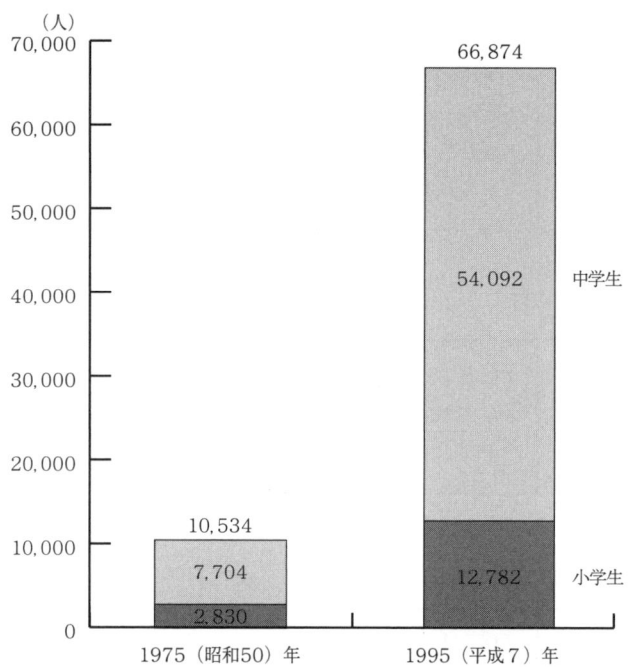

不登校児童生徒数の推移（文部省，1996）

今日の生徒指導の課題はなにか

　文部省の学校基本調査によれば，「学校ぎらい」を理由に年度内に50日以上欠席した不登校児童生徒数は，1995（平成7）年度には66,874人（小学校12,782人，中学校54,092人）に達し，1975（昭和50）年度の10,534人（小学校2,830人，中学校7,704人）と比べると，20年の間に6.3倍と大幅に増加している。なかでも中学校では7.0倍とその増加が著しい。1991（平成3）年度からは30日以上の欠席を「不登校」とみなしており，全体の児童生徒数が減るなかでもその比率は増加し続けている。

　注目すべきことは，不登校の原因が追及され，対策が立てられているなかで，このような増加が続いているという事実である。

　このような状況にあって，生徒指導のなかでの教育相談の比重は，しだいに大きくなってきている。

ライフサイクルにおける解決課題（Eriksonを前田，1985が修正したもの）

	発達段階	対人関係	心理・社会的危機	心理・社会的様式
Ⅰ	乳児期 （～1歳）	母性	信頼感↔不信感	一極性 早熟な自己分化	希望，依存（安心，確信をもちたい）
Ⅱ	早期乳幼児期 （1～2歳）	母	自立性↔恥 疑惑	両極性 自閉	意志，独立（うまくやりたい）
Ⅲ	幼児期 （2～6歳）	母・父	積極性↔罪悪感	遊戯同一化 （エディプス） 空想同一性	目的・役割（どんな役割をもてばいいのか）まねる
Ⅳ	学童期 （6～12歳）	教師 友人	生産性↔劣等感	労働同一化 同一性喪失	知識：技術（作りたい：学びたい）
Ⅴ	青年期 （12～20歳）	父・母 教師 友人	自我同一性↔ 同一性拡散	・自己確信，役割実験，達成の期待，性的同一性 ・同一性意識・否定的同一性，労働麻痺・両性の拡散	自分の自覚 （主体性の確立） 自分になりきる
Ⅵ	若い成人期 （20歳代）	妻 友人	親密さ↔孤立	連帯 社会的孤立	愛する，自己を見失い発見する
Ⅶ	成人期 （30歳代）	妻・友人 子	生殖性↔沈滞		いつくしむ 世話する
Ⅷ	おそい成人期 （40歳代）	人類	統合性↔絶望		あるがままに存在する，英知

心の健康と発達段階を考える

　生徒指導は，生徒の個性と発達段階に合わせた広い領域にわたる全人的な教育活動であるから，生徒1人ひとりについて身体的，心理的，社会的，倫理的な各側面から把握する必要がある。
　そのためには，各年代における心理・社会的特徴についての知識も必要である。

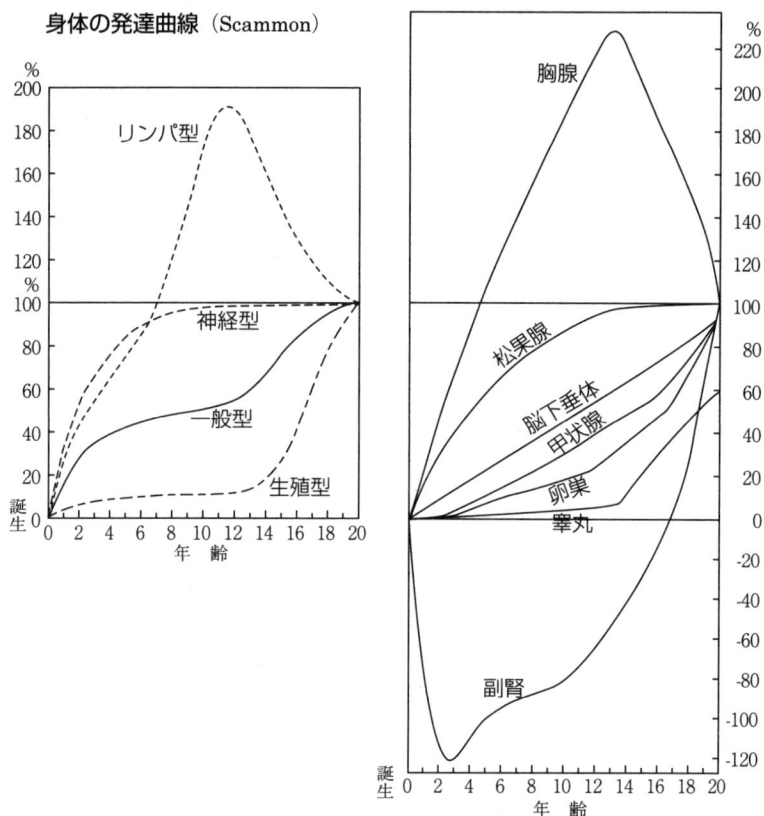

身体の健康と発達段階を考える

　子どもは発達途上にあるので，心身ともまだそのはたらきが不十分であるが，そればかりでなく上図に見られるように，身体を構成する神経系，内分泌系，消化器系などの諸系統の発達速度にずれがあるために，成人とちがって身体のはたらきも不安定であり，全体として失調を生じやすい。そのために自律神経失調症や心身症などを起こしやすいわけである。

2章　生徒指導を進める
■生徒指導の体制

学校教育のなかで生徒指導はどう位置づけられているか
生徒指導で具体的になにを指導するか
生徒指導における児童生徒理解の重要性
進路指導と生徒指導の関係
生徒指導をどのような体制ですすめるか
生徒指導部および生徒指導主事の役割
担任教師の役割
家庭や地域との連携

学習指導要領における生徒指導の位置づけ（文部科学省，2008より作成）

小学校学習指導要領総則（第4の2）

（3）日ごろから学級経営の充実を図り，教師と児童の信頼関係及び児童相互の好ましい人間関係を育てるとともに児童理解を深め，生徒指導の充実を図ること。

中学校学習指導要領総則（第4の2）

（3）教師と生徒の信頼関係及び生徒相互の好ましい人間関係を育てるとともに生徒理解を深め，生徒が自主的に判断，行動し積極的に自己を生かしていくことができるよう，生徒指導の充実を図ること。

（5）生徒が学校や学級での生活によりよく適応するとともに，現在及び将来の生き方を考え行動する態度や能力を育成することができるよう，学校の教育活動全体を通じ，ガイダンスの機能の充実を図ること。

教育課程：学校教育の目的や目標を達成するために，教育の内容を児童の心身の発達に応じ，授業時数との関連において総合的に組織した学校の教育計画。カリキュラムのこと。

学習指導要領：国の教育水準の維持向上を図るために，文部科学大臣が法令にもとづいて，各学校が教育課程を編成する基準として定めたもの。

学校教育のなかで生徒指導はどう位置づけられているか

学校教育は，各教科，道徳，特別活動といった**教育課程**にもとづく活動と，部活動のような教育課程にもとづかない活動から成り立っている。生徒指導や進路指導，教育相談もまた，**学習指導要領**に指導内容や到達目標が示されてはおらず，教育課程にもとづかない教育活動に位置づけられる。

しかし学習指導要領総則（文部科学省，2008）に生徒指導やガイダンス機能の充実を図ることが明記されているように，生徒指導は教育活動のすべての領域において機能すべきものとして考えられている。たとえば学習指導に関しては，生徒指導による学習意欲の向上や学習態度の形成，あるいは学級の人間関係の調整・改善などに

生徒指導と教育課程にもとづく指導との関係 (松田・高橋, 2002)

```
             たくましく生きていく力
                    ↑
        ┌───────────┴───────────┐
     自己教育力              自己指導力 ←──┐
        ↑                      ↑         │
  ┌─────┴──────────────────────┴──────┐  │ 教
  │           教 育 課 程          │教│  │ 育
  │                                │育│  │ 相
  │各│道│   特別活動          │課│  │ 談
  │教│ │学│生│ク│学│          │程│  │ ・
  │科│ │級│徒│ラ│校│          │外│  │ 進
  │ │徳│指│会│ブ│行│          │の│  │ 路
  │ │ │導│活│活│事│          │教│  │ 指
  │ │ │ │動│動│ │          │育│  │ 導
  │ │ │ │ │ │ │          │活│  │ な
  │ │ │ │ │ │ │          │動│  │ ど
  └────────────┬──────────────────┘  │
               ↑                        │
        ┌──────┴──────┐                │
        │  生 徒 指 導  │────────────────┘
        └─────────────┘
```

　よって学習指導を円滑に行うことが可能になる。また，日常の生徒指導のなかで児童生徒の行動を取り上げ，道徳的な価値観の教育を行うことも可能である。

　このように，生徒指導が基盤となって教育課程にもとづく指導が充実する。また一方で，学級活動や学校行事といった特別活動のなかで，人間関係や集団生活について学んだり，人とのかかわりを通して自己理解を深めたりすること自体が，生徒指導における社会性の指導につながるというように，教育課程内の活動を通して，生徒指導が促進される。このようにして児童生徒の「**生きる力**」や自己指導力を育てていくことを最終的な目標としながら，生徒指導と教育課程にもとづく指導は相互に密接にかかわっている。

生きる力：現行の学習指導要領の理念で，変動する社会を生き抜くために必要とされる力。具体的には，①自ら課題をみつけ，主体的に判断し，行動し，よりよく問題を解決する資質や能力，②自らを律しつつ，他人とともに協調し，他人を思いやる心や感動する心などの豊かな人間性，③たくましく生きるための健康や体力を指す。

広義の生徒指導の領域 (中西, 1990)

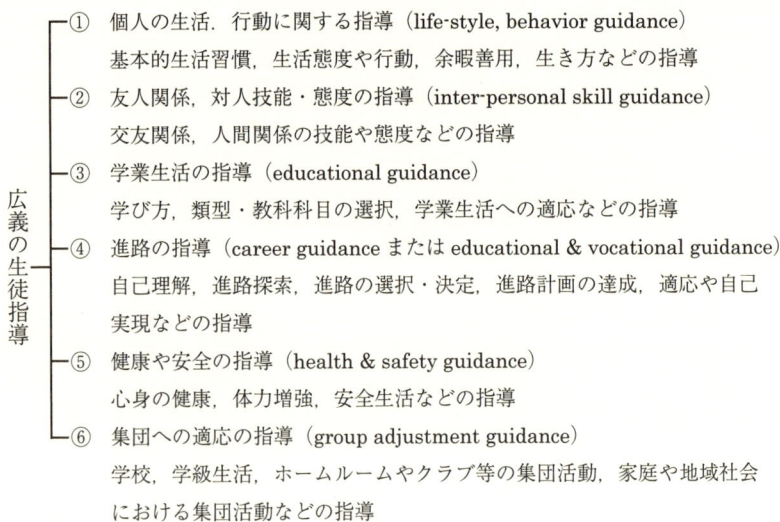

広義の生徒指導
─① 個人の生活, 行動に関する指導 (life-style, behavior guidance)
　　基本的生活習慣, 生活態度や行動, 余暇善用, 生き方などの指導
─② 友人関係, 対人技能・態度の指導 (inter-personal skill guidance)
　　交友関係, 人間関係の技能や態度などの指導
─③ 学業生活の指導 (educational guidance)
　　学び方, 類型・教科科目の選択, 学業生活への適応などの指導
─④ 進路の指導 (career guidance または educational & vocational guidance)
　　自己理解, 進路探索, 進路の選択・決定, 進路計画の達成, 適応や自己実現などの指導
─⑤ 健康や安全の指導 (health & safety guidance)
　　心身の健康, 体力増強, 安全生活などの指導
─⑥ 集団への適応の指導 (group adjustment guidance)
　　学校, 学級生活, ホームルームやクラブ等の集団活動, 家庭や地域社会における集団活動などの指導

生徒指導で具体的になにを指導するか

　生徒指導はあらゆる教育活動のなかで機能すると考えられるため, その領域や具体的な指導内容は表のように多岐にわたる。いずれの領域における生徒指導も「**自己指導能力**」の育成を目指す活動と言えよう。

　生徒指導資料集第21集 (文部省, 1990) は, 自己指導能力を育成するための指導上の留意点として, ①児童生徒1人ひとりをかけがえのない存在として大切にし,「自己存在感」を与えること, ②教師と児童生徒が相互に尊重し合い, 理解し合える「共感的人間関係」を育成すること, ③児童生徒にできるだけ多くの「自己決定の場」を用意し, より適切に自ら決断し, 責任のある行動がとれるように援助することをあげている。どの領域においても以上の3点に留意し, 子どもの自律的な活動を積極的に援助することが求められる。

自己指導(能)力：自己受容と自己理解を基盤にして, 自らの目標を確立, 明確化すること。そしてその目標達成のため, 自発的, 自律的に自らの行動を決断し, 実行すること。

生徒指導における児童生徒理解（文部省，1990より作成）

```
┌─────────────────── 児童生徒理解 ───────────────────┐
│                                                    │
│   理解の対象                   理解の方法          │
│   （何を）                     （どのように）      │
│                                                    │
│   個別的理解                   主観的理解          │
│   性格・能力・興味関心・悩み・  児童生徒との日常のやり│
│   家族関係・友人関係など       とりや観察を通じて行 │
│                                われる理解          │
│                                                    │
│                                客観的理解          │
│   一般理解                     心理検査などのより科 │
│   各発達段階や問題行動における 学的な資料をもとに行 │
│   子どもの心理的・行動的特徴・ われる理解          │
│   傾向                                             │
│                                共感的理解          │
│                                児童生徒の立場を尊重 │
│                                し，思考や感情の流れ │
│                                に沿って行われる理解 │
│                                                    │
└────────────────────────────────────────────────────┘
```

生徒指導における児童生徒理解の重要性

　児童生徒1人ひとりの個性に応じて適切な指導・援助を行うためには，さまざまな観点から理解・把握することが必要となる。

　生徒指導資料集第21集（文部省，1990）では，児童生徒理解の進め方を「対象（何を）」と「方法（どのように）」の2つの側面に分けて考えている。個々の児童生徒の特徴を理解するためには，人間の一般的な発達の流れや行動機序を基礎として学ぶことも必要である。さらに日常のかかわりのなかでの主観的な理解だけではなく，**観察法**や**調査法**などを用いた客観的な方法による理解も必要となる。

　また児童生徒の理解は，たんに情報収集だけを指すのではなく，共感的理解により，児童生徒が「先生は自分を理解してくれている」と感じることも含む。そうした児童生徒の感覚が教師への信頼感や自己理解を深め，自らを成長させることへとつながる。

観察法：ある行動や事象について，主観を交えずに観察，記録することにより，その行動や事象の特徴や法則性を明らかにする方法。

調査法：意見や態度，価値観，性格，知識など，直接観察することが難しい内容について，アンケートや面接，検査などを通して資料を収集する方法。

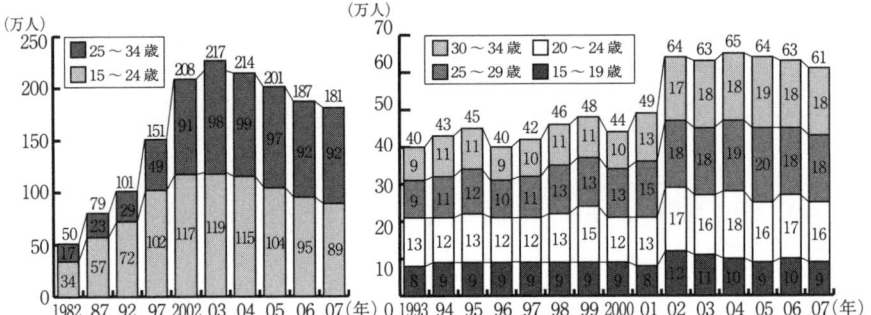

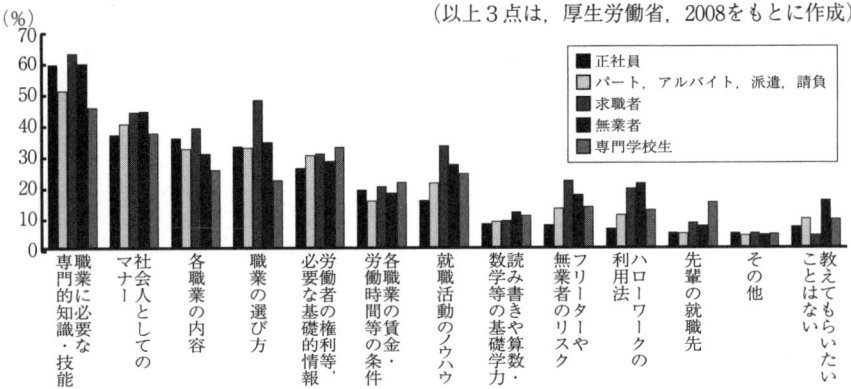

(以上3点は、厚生労働省, 2008をもとに作成)

進路指導と生徒指導の関係

中学校学習指導要領総則(文部科学省, 2008)に、進路指導は「生徒が自らの生き方を考え主体的に進路を選択することができるよう、学校の教育活動全体を通じ、計画的、組織的な進路指導を行うこと」であり、「生き方の指導」であることが示されている。昨今の雇用形態の多様化や、フリーターやニートなどの問題にみられるように、就労に困難を抱える若者が依然として多い。そのため進路指導はこれまでのような単なる進路・就職情報の提供や就職指導ではなく、「自分らしい生き方」の指導、すなわち**キャリア教育**が必要とされている。こうした点から進路指導は、自己指導能力の育成を目指す生徒指導と密接にかかわり合う教育機能であるといえる。

キャリア教育:望ましい職業観・勤労観および職業に関する知識や技能を身に付けさせるとともに、自己の個性を理解し、主体的に進路を選択する能力・態度を育てる教育。

学級運営や生徒指導などに関する主な報告書等 （国立教育政策研究所，2005）

1998年3月	『学校の「抱え込み」から開かれた「連携」へ——問題行動への新たな対応』（児童生徒の問題行動等に関する調査研究協力者会議）
1998年6月	『新しい時代を拓く心を育てるために——次世代を育てる心を失う危機』（中央教育審議会答申）
1999年7月	『『戦後』を超えて——青少年の自立と大人社会の責任』（青少年問題審議会答申）
2000年3月	『学級経営をめぐる問題の現状とその対応——関係者間の信頼と連携による魅力ある学級づくり』（学級経営研究会）
2000年11月	児童虐待の防止等に関する法律の施行
2000年12月	教育改革国民会議報告
2001年4月	改正少年法の施行（刑事処分可能年齢を16歳以上から14歳以上に引き下げ等）
2001年4月	『心と行動のネットワーク——心のサインを見逃すな，「情報連携」から「行動連携」へ』（少年の問題行動等に関する調査研究協力者会議）
2001年7月	学校教育法の一部を改正する法律の成立（体験活動等の充実，出席停止制度の見直し等）
2002年3月	『問題行動等への地域における支援システムについて』（国立教育政策研究所）
2003年3月	『今後の不登校への対応の在り方について（報告）』（不登校問題に関する調査研究協力者会議）
2003年7月	児童生徒の問題行動等への対応の在り方に関する点検について（文部科学省初等中等教育局長通知）
2003年12月	『青少年育成施策大綱』（青少年育成推進本部）
2004年1月	児童虐待防止に向けた学校における適切な対応について（文部科学省初等中等教育局児童生徒課長通知）
2004年3月	『学校と関係機関等との行動連携を一層推進するために』（学校と関係機関等との行動連携に関する研究会）
2004年10月	『児童生徒の問題行動対策重点プログラム（最終まとめ）』（文部科学省）

生徒指導をどのような体制ですすめるか

　生徒指導体制には多様な側面がある。1つには生徒指導部などの**校務分掌**の組織や学校全体の協力体制など「全体的組織的仕組み」，次に校長・教頭や生徒指導主事のリーダーシップやマネジメント，学級担任や学年の連携，教職員のモラールといった活動を推進するための「機能」，さらには保護者やPTA，地域社会，関連機関等との連携といった「ネットワーク」などの側面が含まれる。

　近年，問題行動の多様化や複雑化などにより，学校だけでは対応しきれないことも多くなってきている。こうしたことから，学校だけですべての問題を解決しようとする意識を捨て，家庭や地域，関係機関等と協働した指導体制を構築し，「**開かれた生徒指導**」を行うことが特に求められている。

校務分掌：教職員が学校における教育活動を効率的に行えるようにするため，役割を分担すること。

開かれた生徒指導：家庭や地域社会，関係機関と協同すると同時に，「学校としての説明責任を果たす」生徒指導。

生徒指導部の役割（文部省，1981）

①生徒指導についての全体計画の作成と運営
②資料や情報，あるいは設備等の整備
③学校内外の生徒の生活規律などに関する指導
④教育相談，家庭訪問，保護者面接などを含む直接的指導
⑤学級担任・ホームルーム担任，その他教師への助言
⑥外部諸機関・諸団体・諸学校との連携や協力
⑦児童生徒の諸活動（特別活動，部活動，ボランティア活動など）の指導

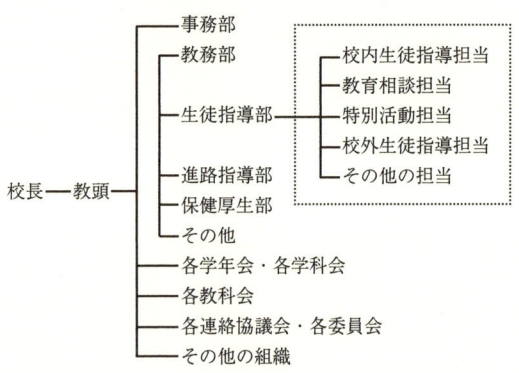

校務分掌の例（文部省，1981）

生徒指導部および生徒指導主事の役割

　生徒指導は，すべての教職員が行う教育活動であるが，その中心となるのは生徒指導部である。生徒指導部の役割は，学校全体の生徒指導体制を整備し，生徒指導全体計画の立案・実施・評価を行うことである。文部省（1981）は，生徒指導部の役割を7つに分類し，これらの役割を機能的に果たすための校務分掌の例を示している。
　その生徒指導部の中心的役割を担うのが生徒指導主事である。生徒指導主事の役割としては，生徒指導全体計画の組織的・計画的な運営，生徒指導に関して全教職員の共通理解を図るための連絡・調整，教職員への生徒指導に関する指導・助言などがあげられる。そのため生徒指導主事には生徒指導や心理学に関する専門的な知識や技術，経験などが求められる。

学校運営と生徒指導の関連図（国立教育政策研究所，2006）

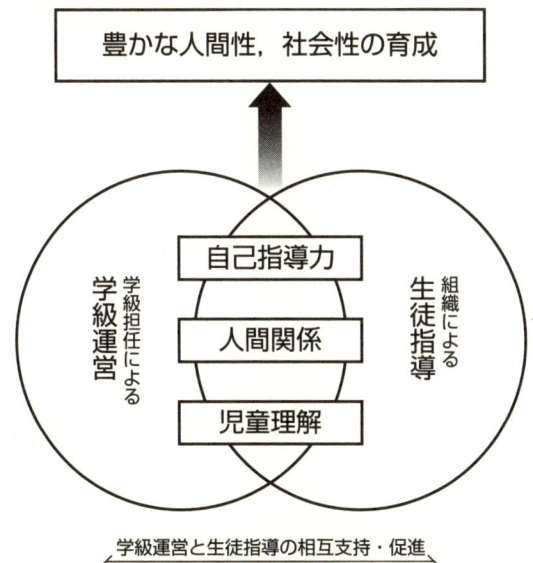

担任教師の役割

担任教師は，学校が推進する生徒指導の目的・計画が達成されるように直接的・継続的に生徒指導を行う存在であり，生徒指導に果たす役割は大きい。児童生徒の日々の様子について，その特徴や人間関係などを多面的に把握・理解し，児童生徒の小さな変化にも敏感に気づき，対応できるようにすることが必要である。

また，学校全体で**協働**して生徒指導を行っていくためには，こうした児童生徒の理解を担任教師だけが行うのではなく，教科担任や学年主任，生徒指導部等と相互に情報を共有しながら進めていくことが大切である。さらに担任教師は，保護者とも情報を共有し，連携しながら子どもを指導・育成することが求められる。このように担任教師は子どもをとりまくネットワークの要としての役割も担う。

協働：複数の主体が共通の目的や課題をもち，対等に利益を得るとともに，対等に責任を負う関係で活動に取り組むこと。

保護者との連携による生徒指導
(嶋崎，2004を一部改変)

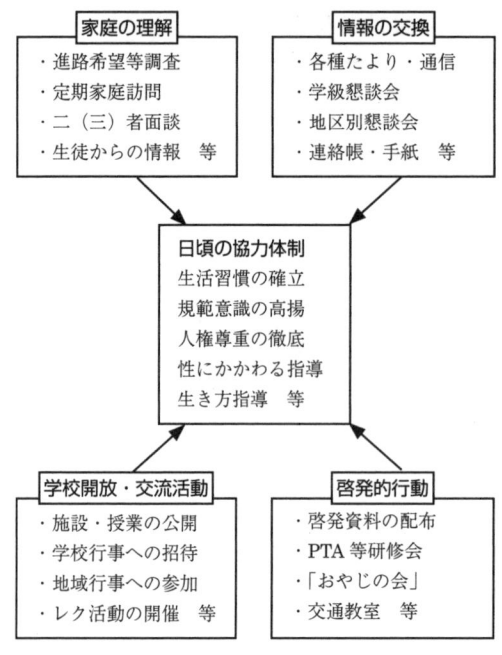

「地域ぐるみで規範意識や規律あるいは生活態度の育成に努め，生徒指導の充実を図っている地域の事例，研究委嘱」が「ある」と答えた教育委員会の割合
(国立教育政策研究所，2006より作成)

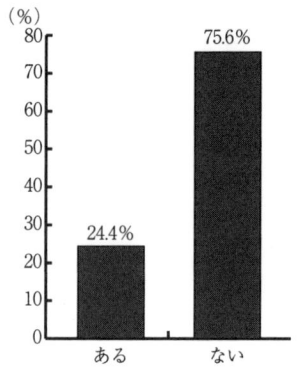

母数：全市町村教育委員会数2,163

家庭や地域との連携

　児童生徒の問題行動への対応のみならず，日頃の児童生徒についての理解を深め，人間的な成長を促進していくためには，家庭や地域との協働が不可欠である。家庭や地域と協働的なかかわりを行っていくためには，日頃から学校との間での相互の信頼関係を形成していくことが重要である。地域との協働による取り組み事例が全国で行われているが，グラフに示されているようにまだ少ないのが実情である。

　家庭や地域と信頼関係を築くためには，まず学校からの積極的な情報提供が必要である。学級通信や授業参観，保護者会などを通じ，学級や学校についてさまざまなレベルで情報公開を行い，それらについて保護者や地域からの意見を受けられるよう一方通行にならないかかわりをもつことが相互の理解を深めるため役立つであろう。

3章 教育相談を進める
■教育相談の体制

教育相談とはなにか
教育相談係の役割
教育相談の組織化
年間計画の作成
教育相談室の管理運営
スクールカウンセラーとの連携
地域との連携システム

学校教育相談領域 (相馬, 2003)

理論	開発的教育相談 　対象：すべての児童生徒 　児童生徒の個人の成長・発達を促進するための援助 　　予防的教育相談 　　　対象：問題をもつ危険性の高い児童生徒や問題をもちはじめた児童生徒 　　　適応相談・学習相談・進路相談の援助 　　　　問題解決的教育相談 　　　　　対象：重大な問題をもつ児童生徒に対する教育相談 　　　　　個別的教育相談，危機介入
実践	個別カウンセリングと連携 　　　　　・不登校児の家庭訪問 　　　　　・いじめられた子，いじめた子に対する援助 　　　　　・非行児童生徒の指導 　　　　　・自殺しそうな子に対する援助 　　　　　・他機関との連携 　　予防的チェックリストの作成実施 　　・登校しぶり反応を示している児童生徒への援助 　　・再登校を始めた児童生徒に対する学習面での援助 　　・いじめられやすい子，攻撃性の強い子等に対する援助 　　・自己顕示欲の強い子に対する援助 　　・家庭環境の悩みを抱えている子に対する援助 　　・他機関への紹介 学級児童生徒全員への自己理解と対人スキルの向上 　・進路や職業に関する情報の提供と"生き方"指導 　・学習スタイルに合わせた学習法の指導 　・悩みの調査等の各種調査検査の活用

教育相談とはなにか

　教育相談は大きく３つの領域に分けられる。①すべての児童生徒に対する開発的教育相談，②問題傾向をもつ児童生徒に対する予防的教育相談，③問題をもつ児童生徒に対する問題解決的教育相談である。開発的教育相談は，児童生徒の個人の成長・発達を促進するための援助のことであり，学校教育相談でのもっとも重要な課題とされている。対象はすべての児童生徒であり，児童生徒の自己理解や自己洞察を促す活動である。予防的教育相談は問題をもつ危険性の高い児童生徒が対象である。不登校やいじめ，非行等の問題が出てからの対応では児童生徒が，悲惨な状況に追い込まれることもある。開発的教育相談を活発に行うことが，最大の予防的活動である。不登校，いじめ，非行等の個別支援をするのが問題解決的教育相談である（石隈，1995）。

教育相談係の役割（大野，1993；相馬，2003）

インテグレィター（定着役）としての役割
・児童生徒理解のための実態把握
・教育相談の組織化
・年間計画の作成
プロモーター（推進役）としての役割
・教育相談室の管理運営
・施設設備について
・研修会の開催
カウンセラー（相談役）としての役割
・スクールカウンセラーとの窓口
・他の教師に対する援助
・問題を抱える児童生徒への援助
・記録の整理と保管

教育相談係の役割

　教育相談係の役割をインテグレィター（定着役），プロモーター（推進役），カウンセラー（相談役）の3つの観点からまとめてみる。

　スクールカウンセラー（SC）の学校現場への参加も始まっている現状では，教育相談係として，定着役，推進役を積極的に担うべきであり，カウンセラー役は，スクールカウンセラーや他機関との連携窓口の役割を重視したい。ただ，スクールカウンセラーの小学校での配置は始まったばかりであり，高等学校での配置計画はなく，また，中学校での配置も非常勤配置を考えれば，教育相談係がカウンセラーとしての役割も担う必要がある。図表は，先行研究を参考にしてまとめた教育相談係の役割である（大野，1993；相馬，2003）。

スクールカウンセラー：日本では臨床心理士等の心の専門家が，全国公立中学校1万校に非常勤職員として配置されている。欧米，香港等の小学校・中学校・高等学校で常勤化されている。

教育相談係の校務分掌への位置づけの有無（日本学校教育相談学会調査研究委員会，2006）

校種	位置づけあり	位置づけなし	合計
小学校	160	40	200
（％）	80％	20％	
中学校	135	30	165
（％）	82％	18％	
高等学校	127	50	177
（％）	72％	28％	
合計	422	120	542
（％）	78％	22％	

校務分掌内での教育相談係（部会）の独立性（日本学校教育相談学会調査研究委員会，2006）

校種	生徒指導部付	独立	保健部付	決まっていない	進路指導部付	合計
小学校	62	105	5	0	5	177
（％）	35％	59％	3％	0％	3％	
中学校	49	88	4	1	4	146
（％）	34％	60％	3％	1％	3％	
高等学校	50	35	43	0	12	140
（％）	36％	25％	31％	0％	9％	
合計	161	228	52	1	21	463
（％）	34.8％	49.2％	11.2％	0.2％	4.5％	

教育相談の組織化

教育相談を定着させるためには校内組織をどのように作るかにかかっている。**教育相談係**が1人で，教育相談を進めるには，仕事の量が多すぎて結果的に何もできずに終わってしまう場合が多い。学校内の組織の状況として，日本学校教育相談学会（2006）は，全国の学校教育相談担当者に調査をしている。「教育相談係が校務分掌として位置づけられていますか」と聞いてみたところ，教育相談係が校務分掌に位置づけられているのは8割程度。他方，位置づけがなされていないのは2割程度であった。高等学校における位置づけがやや低いことが分かる。また，「教育相談係は独立した校務分掌になっていますか」と聞いたところ，分掌内での独立性は，多い順に，「独立している」（49.2％），「生徒指導部に属している」（34.8％），「保健部に属している」（11.2％），「進路指導部に属して

教育相談係：開発的教育相談，予防的教育相談，問題解決的教育相談を校内で定着し，推進する役割を担う係として校務分掌に位置づけたい。

教育相談係(部会)の会議を開催する割合(日本学校教育相談学会調査研究委員会,2006)

校種	月に1回	必要に応じて	学期に1回	決まっていない	毎週1回	合計
小学校	35	62	4	50	25	176
(%)	20%	35%	2%	28%	14%	
中学校	22	28	49	22	23	144
(%)	15%	19%	34%	15%	16%	
高等学校	18	37	14	46	22	137
(%)	13%	27%	10%	34%	16%	
合計	75	127	67	118	70	457
(%)	16.4%	27.8%	14.7%	25.8%	15.3%	

いる」(4.5%),「特に決まっていない」(0.2%)であった。表で示されたように,全体と比較して教育相談係の独立性が小・中学校では,ともに高い。高等学校では,低くなっている。さらに,「教育相談に関する会議はどのくらいの割合で開催していますか」と聞いたところ,会議の開催の程度に関して,多い順では,「必要に応じて」(27.8%),「とくに決まっていない」(25.8%),「月に1回程度」(16.4%),「毎週1回」(15.3%),「学期に1回程度」(14.7%)となっていた。表から,小学校では学期に1回という割合が極端に少ないことが分かる。また,定例としての会議よりも,必要に応じて,とくに決まっていないという割合が小学校,高等学校ともに高い割合を示している。

計画的な教育相談の第一歩は,組織化からはじまる。校務分掌に位置づけ,独立性を高め,月に1回程度の会議が望ましい。

小学校における教育相談年間計画 (相馬, 2003)

月	内容
4	教育相談部（委員会）構成，年間計画立案
5	児童の実態調査，個人カード，個人記録簿作成，いじめ調査
6	知能・学力・教育相談検査実施，特別支援相談
7	実態調査，諸検査結果講習会 実態調査研修会
8	事例研修会（外部から講師を招く） 教育相談実技研修会（グループ・アプローチについて）
9	特別支援相談
10	学年事例研修会，いじめ調査
11	担任の行う教育相談について（全体研修会）
12	特別支援相談
1	学年事例研修会，いじめ調査
2	反省，次年度への申し送り，個人カード・個人記録の確認

年間計画の作成

　組織ができたら年間計画の作成である。まずは，学校の児童生徒の実態はどのような実態か，現状を認識し，年間活動目標の設定をしてほしい。以下に，実際に実践されている小学校・中学校・高等学校の教育相談年間計画を示してみた。学校規模や学校目標などとも照らし合わせて参考にしてほしい。月ごとの活動がむずかしい場合は2カ月に一度の計画になる場合もあろう。できるところから確実に実践することが大切である。

　表は，小学校での教育相談年間計画である。小学校においての定例教育相談は，担任が日常的に児童に接している点を考慮して取り入れなかった。特別支援相談は，特別支援教育校内委員会などが，組織され機能している場合は，計画に入れる必要はない。

　次の表は中学校における教育相談の年間計画である。中学校においては，自主的に相談室に来室する生徒もいる。また，保護者の来室相談も多くあるので，相談室のPRが必要である。さらに，思春期はさまざまな問題行動が発生する時期であることから，より積極的にスクールカウンセラーとの連携を行い，「だれが」「なにを」

中学校における教育相談年間計画 (相馬, 2003)

月	内　容
4	教育相談部（委員会）構成，年間計画立案，スクールカウンセラーの活動について
5	知能・学力・教育相談検査実施，教育相談のPR，いじめ調査
6	生徒実態調査実施，教育相談用諸検査実施，個人カード作成
7	生徒実態調査結果考察（全体研修会），定例教育相談（全校生徒対象）
8	諸検査の活用の仕方（講演会），カウンセリングの仕方（全体研修会）
9	事例研究会（スクールカウンセラーから）
10	生徒実態調査，調査結果考察
11	定例教育相談（全校生徒対象）
12	事例研究会（講師を招いて）
1	教育相談実技研修会（Y-G性格検査について），いじめ調査
2	反省，次年度への申し送り

高等学校における教育相談年間計画 (相馬, 2003)

月	内　容
4	教育相談部（委員会）構成，年間計画立案
5	知能・学力・教育相談検査実施，教育相談のPR，いじめ調査
6	生徒実態調査，結果考察，定例教育相談（全校生徒対象）
7	思春期の精神保健（講演会）
9	事例研究会（講師を招いて）
10	面接相談の仕方（全体研修会）
11	思春期の心と身体（講演会），いじめ調査
12	事例研究会（講師を招いて）
1	定例教育相談（全校生徒対象）
2	反省，次年度への申し送り

「どのようにするのか」を具体的に話し合う必要がある。高等学校では専任のカウンセラーが配置されている学校もあれば，教育相談係が校務分掌に明記されていない所もあり，現状はさまざまである。高校中退者の問題や不登校の増加，思春期での精神衛生を考えれば，早急に専任カウンセラーの配置をすすめていくべきである。また，教師全体の教育相談的力量が高まることが，1人ひとりの生徒を的確に把握することにつながる。

教育相談室（教室を利用して）（相馬，2003）

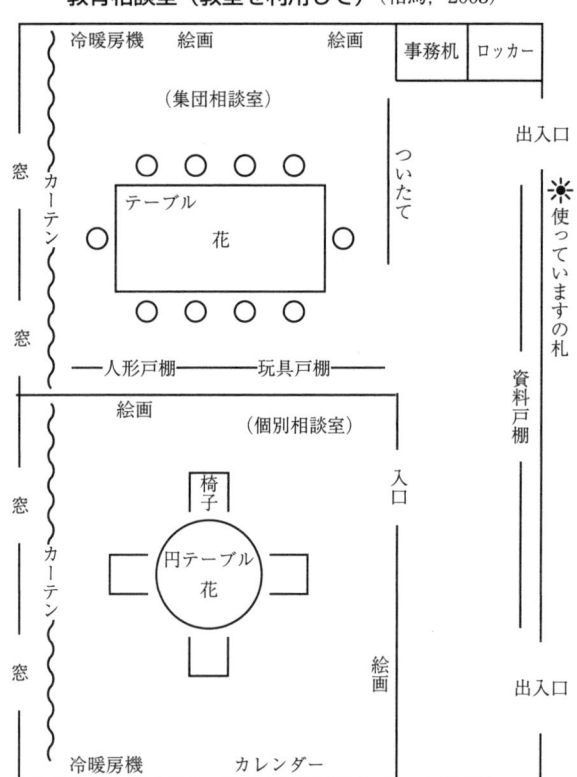

教育相談室の管理運営

校内に**教育相談室**が設置されているか否かは，その学校の教育相談活動が活発に行われているかどうかの目安の1つである。余裕教室がない等の学校の物理的な条件もあるが，相談室が設置されている場合は積極的な運営について考慮し，未設置の場合は設置に努力するべきである。相談室が設置されることにより，保護者との話し合いも教室よりは話しやすく個別検査や会議等にも活用される利点がある。教育相談室の未設置校では，相談する部屋がないために教室や保健室を利用したり，校長室を使ったりしている例もある。校内に相談室を設置し積極的な活用をはかっていきたい。

教育相談室留意点：①教育相談室の運営に関する会議を開く。②教育相談室の使用計画を作成する。③面接室は相談係以外の教師の利用を可能な限り優先する。④生徒が気軽に来室できるような雰囲気をつくる。

スクールカウンセラー配置計画

・2001年度から5カ年計画でスクールカウンセラーを制度化する。
・全国の3学級以上の公立中学校，約1万校に配置する。
・2007年度より一部小学校に配置する。
・任用は非常勤で週当たり8～12時間勤務とする。
・原則として単独校方式にする。
・スクールカウンセラーには臨床心理士等の「心の専門家」を採用する。
・経費の3分の1を国庫補助とする。

スクールカウンセラーとの連携

　スクールカウンセラーは，1995年度から154校に臨床心理士等を派遣する「スクールカウンセラー活用調査委託研究事業」ということで始まった。6年間の調査研究事業をふまえて，2001年4月1日より，5カ年計画で臨床心理士等を全国の公立中学校に配置する本格実施となり，スクールカウンセラーが日本中の中学校に配置されることになった。

　当初，スクールカウンセラー制度が導入された段階で，学校側の反発も一部みられたが，伊藤（2000），本間（2001）によると着実に受け入れられている。とりわけ，教育相談体制が組織的に機能している所では，成果があがり円滑な関係ができるようになっている。日本臨床心理士会などは，スクールカウンセラーの資質向上を図るため，スクールカウンセラー研究協議会やスクールカウンセラースーパーヴァイザーを都道府県に配置している。また，一部の県では，週30時間の勤務体制も実現している。さらに，日本臨床心理士会などは，学校臨床心理士ワーキンググループを設置し，スクールカウンセラー事業成功のために，ガイドラインの設定，教育相談の実力涵養のため全国研修会の実施，文部科学省とのシンポジウムの開催，学校臨床心理士コーディネーター会議の実施，**外部機関との連携**のあり方，各種活動状況の調査と公表等を積極的に担ってきた。

外部機関との連携：スクールカウンセラーは多くの場合，教育機関ではなく他機関に勤めている場合が多い。たとえば，スクールカウンセラーが，医療関係に従事している場合，精神的疾患で悩んでいる子どもを早い段階で病院に紹介し，医学的治療を受けることができるようになった例もある。また，児童相談所や警察等に紹介し，より専門的な事例の見立てや，連携の仕方を助言し，そのことにより，学校全体でも，積極的な連携をできるようになった例もある。

連携機関

場所	スタッフ
精神科神経科クリニック，精神科神経科病院，総合病院の精神科神経科	医師，看護師，精神保健福祉士，臨床心理士，作業療法士等
心理相談室	臨床心理士等
精神保健福祉センター	精神科医，臨床心理士，精神保健福祉士，保健師，看護師等
保健所	医師，保健師，相談員，臨床心理士等
市町村の保健センター	保健師，相談員，臨床心理士等
児童相談所	相談員，臨床心理士等
小中高等学校	教員，スクールカウンセラー等
教育相談所，教育研究所	相談員，臨床心理士等
大学，短期大学などの学生相談室	相談員，臨床心理士等
電話相談，いのちの電話	教育相談所や精神保健福祉センターの職員，いのちの電話はボランティア相談員等

地域との連携システム

これまで，行政機関・医療機関・臨床心理機関・教育機関が互いに対立し，反発し排除しあうことが多くあった。

具体的な例では，神経症的な不登校の子どもに対し医師等が「教師の無理解や交友関係の調整のまずさ」を指摘し，学校現場の問題点のみを言い，教師は「専門家にまかせたのだから」また「現場を知らないのに」と言って一切の連携を拒否するようなことがあった。

地域的な援助を実践する大前提として，各地方自治体，医師やカウンセラー，教師，またとりまく多くの人々の支援が「互いに補い」「互いに強化」できる関係が必要である。さいたま市等では，医師，臨床心理士，教員，行政や地域の多くの人々が支える地域社会の支援組織も生まれてきている。

児童相談所：児童の福祉をはかるための相談に応じ，必要によってはその性格・資質などの判定を行う機関。

精神保健福祉センター：各都道府県や指定都市に置かれ，地域住民の精神的健康の保持，精神障害の発生予防，保健所の精神保健業務の指導などを行っている。

場所	スタッフ
リハビリテーションセンター	相談員，臨床心理士等
援護寮・生活訓練施設	指導員，職員等
福祉ホーム	相談員，職員等
グループホーム	職員，自助グループ等
生活支援センター	職員，相談員等
ハローワーク	職員等
障害者職業センター	職員，相談員，臨床心理士等
福祉工場	職員，自助グループ等
授産施設	職員等
共同作業所	職員，自助グループ等

　身近な例では、前述したように、スクールカウンセラーが中学校に導入されることにより、コンサルテーション活動もできやすくなり、実際に学校現場でも多く行われるようになっている。コンサルテーションとは、心理臨床，精神衛生の専門家が、他の領域の専門家が担当するクライエントの精神的な問題に対する職業上の課題を、より効果的に遂行できる援助をいい、その関係は、上下関係、同じ領域、職域、組織に属しておらず利害関係がないことである。
　連携を進めていくうえで、大事なことは、無いものねだりをして愚痴を言うだけでは始まらない。今ある機関や関係性を最大限に活かす個人的・公的なネットワークも必要である。まずは、自分の地域の連携できる機関・組織を整理して見学してみたい。

コラム1■教育基本法

　教育基本法は，日本国憲法にもとづいて，教育理念を明らかにし，教育の基本を確立するものである。現在の教育基本法は，1947（昭和22）年に制定された旧教育基本法に代わって，2006（平成18）年12月22日に公布・施行された。改正の論拠としては，①旧法が連合国の占領下で制定されたものであること，②旧法が個人の権利としての教育という視点を徹底させたために「過剰な個人主義」をもたらしたこと，③日本社会が大きく変化したこと，などがあげられる。このうち，3番目の点は，規範意識や学ぶ意識の低下，青少年の凶悪犯罪の増加，いじめ，不登校，中途退学，学級崩壊などの問題を含んでいる。

　新教育基本法は，前文と18の個別条文で構成され，「個人の尊厳」「人格の完成」「平和的な国家・社会の形成」といった旧法の理念を継承している。ここでは，特に「生徒指導・教育相談」と関連のある部分を取り上げることで，なぜ，「生徒指導・教育相談」を学ぶ必要があるかを明らかにしたい。

　まず，第1条（教育の目的）において旧法を継承した形で「人格の形成を目指す」ことが目的として掲げられているが，さらに，新法では，第3条（生涯教育）に「自己の人格を磨く」，第11条（幼児期の教育）にも「幼児期の教育は，生涯にわたる人格形成の基礎を培う」とある。これらによって，人格の形成が生涯にわたって目指されるものであることが明確化され，旧法よりも，一層「人格の形成」が強調された形となった。

　そのほか，第6条（学校教育）では，「心身の発達に応じて，体系的な教育が組織的に行われなければならない」「自ら進んで学習に取り組む意欲を高める」などの文言によって，新法では，「発達と教育の連関」「学習意欲，あるいは動機付け」などの問題も明確化されている。また，第4条では，「障害のある者が，その障害の状態に応じ，十分な教育が受けられるよう」講じなければならないとあり，新法では，障害児・者の教育を受ける権利が明確化された。

文献：坂田仰　2007　新教育基本法〈全文と解説〉　教育開発研究所

Ⅱ部　生徒理解

4章　サインを見逃すな
■問題の把握

問題はなぜ生じるのか
問題はどのようにあらわれるか
児童生徒はなにを悩んでいるか
問題行動にひそむ心理は？
心を理解する手がかりはなにか
非言語的コミュニケーション
心の波長を合わせる
面接場面でどう応答するか

学校ストレスモデル

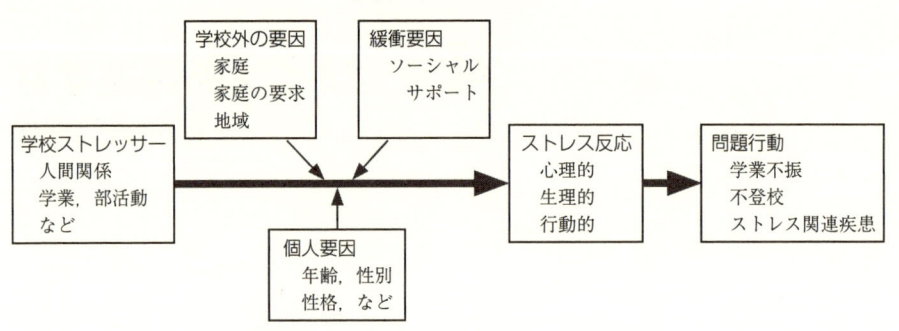

学校外の要因
家庭
家庭の要求
地域

緩衝要因
ソーシャルサポート

学校ストレッサー
人間関係
学業，部活動
など

個人要因
年齢，性別
性格，など

ストレス反応
心理的
生理的
行動的

問題行動
学業不振
不登校
ストレス関連疾患

学校ストレッサー（岡安ら，1993より作成）

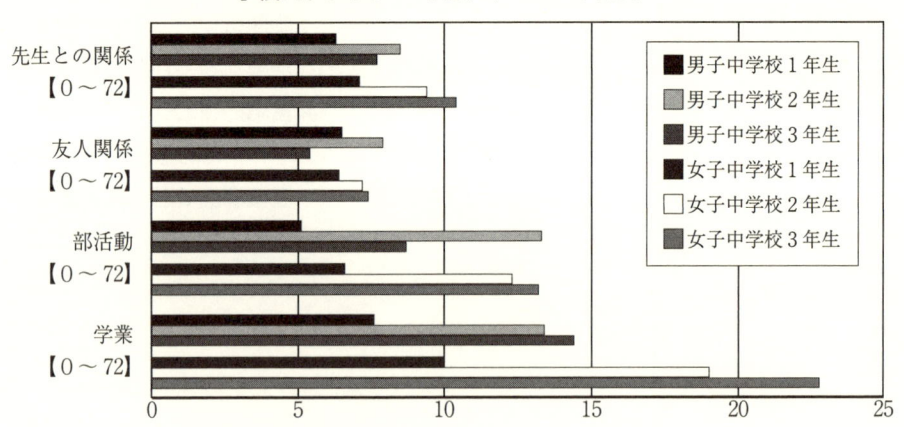

先生との関係 【0～72】
友人関係 【0～72】
部活動 【0～72】
学業 【0～72】

■ 男子中学校1年生
■ 男子中学校2年生
■ 男子中学校3年生
■ 女子中学校1年生
□ 女子中学校2年生
■ 女子中学校3年生

問題はなぜ生じるのか

　児童生徒の示す問題行動は，さまざまな要因が組み合わさって生じてくる。個人の発達上の課題や性格，家庭や地域の要因とともに，学業や人間関係などの学校内のストレスが影響しあってストレス反応が生じ，それが永続化することによって問題行動に至る。周囲からのサポートがあればストレス反応を和らげる力にもなる。どのような問題行動にしても，誰によって"問題"とされたのか，あるいは誰にとっての"問題"であるかは重要な点である。個人の病理ばかりではなく，家族や社会の病理がそこに反映される場合があるからである。

ストレス反応 （岡安ら，1993より作成）

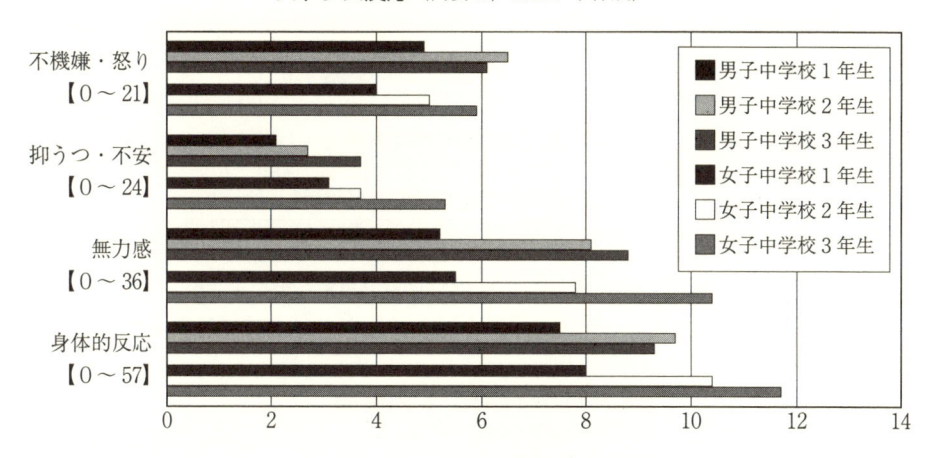

凡例:
- 男子中学校1年生
- 男子中学校2年生
- 男子中学校3年生
- 女子中学校1年生
- 女子中学校2年生
- 女子中学校3年生

項目：
- 不機嫌・怒り 【0～21】
- 抑うつ・不安 【0～24】
- 無力感 【0～36】
- 身体的反応 【0～57】

不登校のあらわれ

行動
　不登校，依存的，自室にこもる，暴力

心理
　気持ちの動揺が激しい（41.7%）
　同じことばかり頭に浮かぶ（33.3%）
　集中困難（24.4%）
　不安・緊張・恐怖などが強い（24.4%）
　気分が沈んで元気が出ない（19.2%）
　イライラしてやつあたりする（17.3%）
　人が自分をどう見ているか気になる（16.0%）
　自分だけが取り残されている（14.1%）

身体
　痛み（61.5%）
　（頭痛・腹痛・腰痛など）
　全身倦怠感（30.1%）
　不眠（29.5%）
　嘔吐（17.9%）
　食欲不振（15.4%）
　不明熱（12.8%）
　肩こり（12.2%）
　下痢（10.3%）
　手足のしびれ（8.3%）
　めまい・ふらつき（8.3%）
　過呼吸発作（4.5%）

問題はどのようにあらわれるか

　人間が示す反応は，心理，身体（生理），行動という3つの側面からとらえることができるが，これらは互いに影響し合いながら，1つの全体像をつくり上げている。たとえば不登校という行動には，気持ちの動揺や抑うつ感のような心理状態や，頭痛・腹痛のような身体的症状をともなうことが多い。また，不安の場合でも，心理的に程度が強まれば，動悸や発汗などの身体的な反応も強く生じて，不安を引き起こすような場面を避けるという行動もあらわれる。

「過去1年間に悩みや不満があった」子どもの割合（性・就学状況別）（下開，2008）

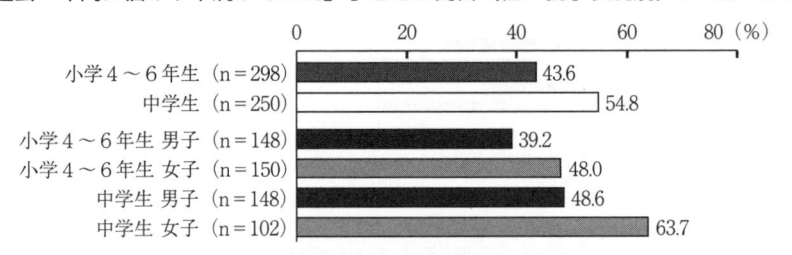

	(%)
小学4〜6年生 (n=298)	43.6
中学生 (n=250)	54.8
小学4〜6年生 男子 (n=148)	39.2
小学4〜6年生 女子 (n=150)	48.0
中学生 男子 (n=148)	48.6
中学生 女子 (n=102)	63.7

過去1年間の悩みや不満（性・就学状況別）〈複数回答〉（下開，2008）

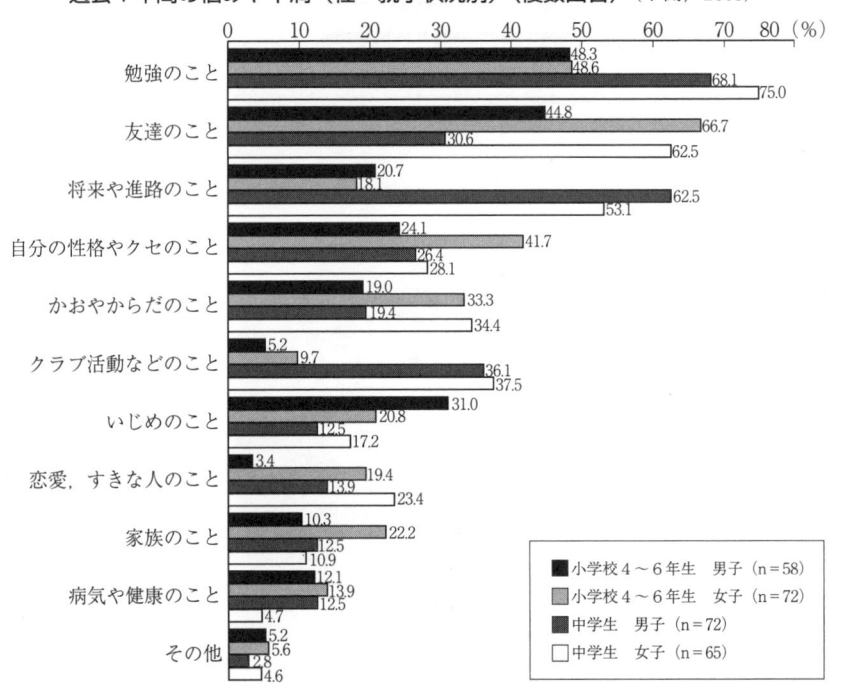

	小学校4〜6年生 男子 (n=58)	小学校4〜6年生 女子 (n=72)	中学生 男子 (n=72)	中学生 女子 (n=65)
勉強のこと	48.3	48.6	68.1	75.0
友達のこと	44.8	66.7	30.6	62.5
将来や進路のこと	20.7	18.1	62.5	53.1
自分の性格やクセのこと	24.1	41.7	26.4	28.1
かおやからだのこと	19.0	33.3	19.4	34.4
クラブ活動などのこと	5.2	19.7	36.1	37.5
いじめのこと	31.0	20.8	12.5	17.2
恋愛，すきな人のこと	3.4	19.4	13.9	23.4
家族のこと	10.3	22.2	12.5	10.9
病気や健康のこと	12.1	13.9	12.5	4.7
その他	5.2	5.6	2.8	4.6

注：小学4年生〜中学生で，過去1年間に「悩みや不満があった」と答えた子どもの回答結果

児童生徒はなにを悩んでいるか

　心理面，身体面，行動面で表立った問題としてはあらわれないまでも，悩みや不満を感じる児童生徒は多い。このような悩みや不満については，年齢や性別による違いはあるものの，多くの場合に親や友人たちに相談したり，自分自身で解決しようとしている。教師

過去1年間の一番大きな悩みや不満を相談した割合（性・就学状況別）（下開，2008）

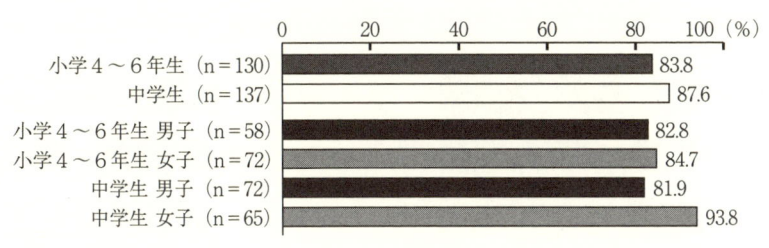

- 小学4～6年生 (n=130): 83.8
- 中学生 (n=137): 87.6
- 小学4～6年生 男子 (n=58): 82.8
- 小学4～6年生 女子 (n=72): 84.7
- 中学生 男子 (n=72): 81.9
- 中学生 女子 (n=65): 93.8

注：小学4年生～中学生で，悩みや不満があったと答えた子どもの回答結果

過去1年間の一番大きな悩みや不満を相談した相手（性・就学状況別）〈複数回答〉（下開，2008）

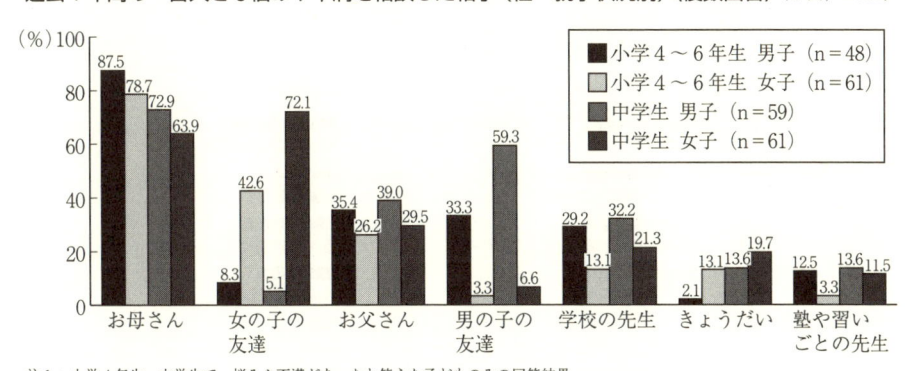

凡例：小学4～6年生 男子 (n=48)、小学4～6年生 女子 (n=61)、中学生 男子 (n=59)、中学生 女子 (n=61)

相手	小4～6 男子	小4～6 女子	中学生 男子	中学生 女子
お母さん	87.5	78.7	72.9	63.9
女の子の友達	8.3	42.6	5.1	72.1
お父さん	35.4	26.2	39.0	29.5
男の子の友達	33.3	3.3	59.3	6.6
学校の先生	29.2	13.1	32.2	21.3
きょうだい	2.1	13.1	13.6	19.7
塾や習いごとの先生	12.5	3.3	13.6	11.5

注1：小学4年生～中学生で，悩みや不満があったと答えた子どものみの回答結果
注2：回答率がいずれも1割未満の「おばあさん」「保健室の先生」「おじいさん」「近所や地域の人」「その他」は表記していない

過去1年間の一番大きな悩みや不満を相談しなかった理由（下開，2008）

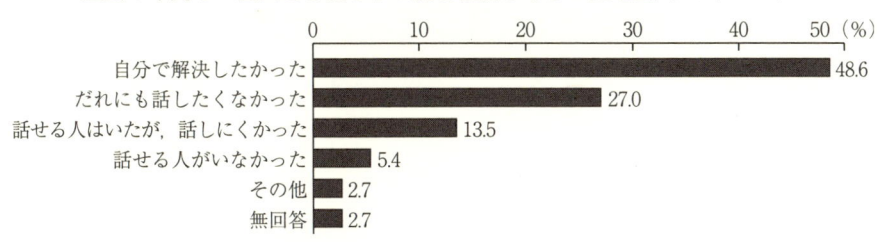

- 自分で解決したかった: 48.6
- だれにも話したくなかった: 27.0
- 話せる人はいたが，話しにくかった: 13.5
- 話せる人がいなかった: 5.4
- その他: 2.7
- 無回答: 2.7

注：小学4年生～中学生で，悩みや不満があると回答したが，相談しなかったと回答した子どもの回答結果

に相談をもちかける割合は多くはないが，児童生徒が生活時間の多くを過ごす学校において，問題の第一次発見者，第一次援助者として教師が果たす役割は大きい。話したくない，話しにくい，話す人がいないと感じる者もおり，授業をもたない養護教諭やスクールカウンセラー，学校外の相談機関や電話相談などの活用も求められる。

親しい友人の数 （内閣府共生社会政策統括官，2001）

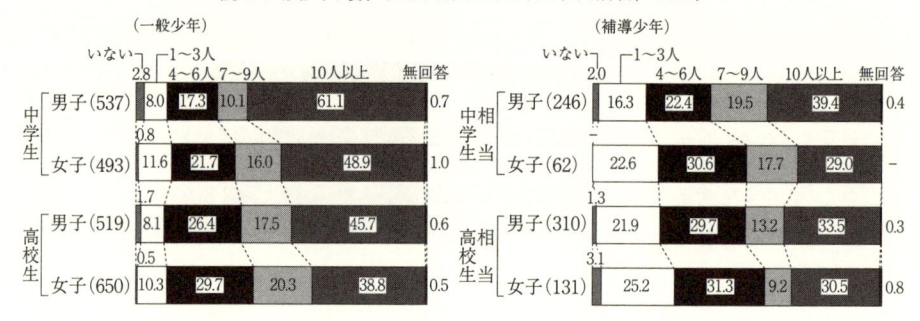

（一般少年）

	いない	1～3人	4～6人	7～9人	10人以上	無回答
中学生 男子(537)	2.8	8.0	17.3	10.1	61.1	0.7
中学生 女子(493)	0.8	11.6	21.7	16.0	48.9	1.0
高校生 男子(519)	1.7	8.1	26.4	17.5	45.7	0.6
高校生 女子(650)	0.5	10.3	29.7	20.3	38.8	0.5

（補導少年）

	いない	1～3人	4～6人	7～9人	10人以上	無回答
中相学生当 男子(246)	2.0	16.3	22.4	19.5	39.4	0.4
中相学生当 女子(62)	-	22.6	30.6	17.7	29.0	-
高相校生当 男子(310)	1.3	21.9	29.7	13.2	33.5	0.3
高相校生当 女子(131)	3.1	25.2	31.3	9.2	30.5	0.8

友だちとうまくいかなかった場合の対処 （内閣府共生社会政策統括官，2001）

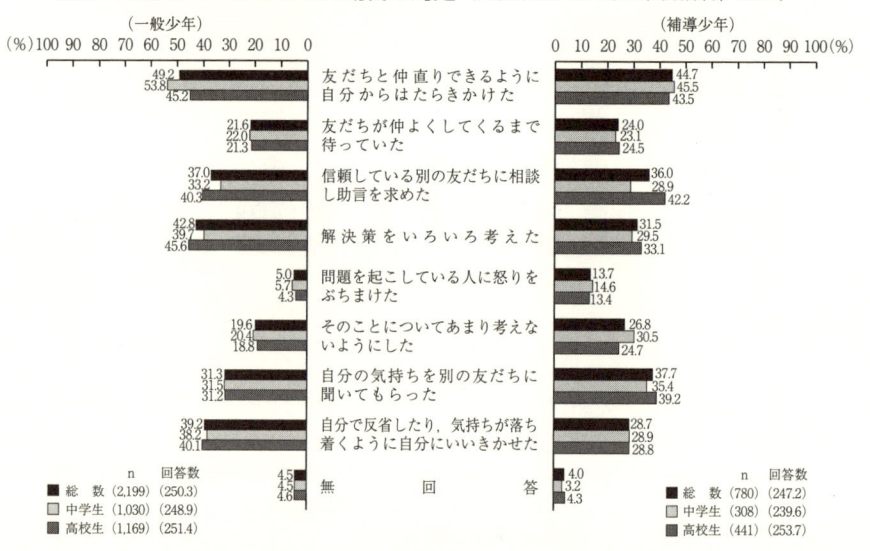

（一般少年）

	総数	中学生	高校生
友だちと仲直りできるように自分からはたらきかけた	49.2	53.8	45.2
友だちが仲よくしてくるまで待っていた	21.6	22.0	21.3
信頼している別の友だちに相談し助言を求めた	37.0	33.2	40.3
解決策をいろいろ考えた	42.8	39.7	45.6
問題を起こしている人に怒りをぶちまけた	5.0	5.7	4.3
そのことについてあまり考えないようにした	19.6	20.4	18.8
自分の気持ちを別の友だちに聞いてもらった	31.3	31.5	31.2
自分で反省したり，気持ちが落ち着くように自分にいいきかせた	39.2	38.4	40.1
無回答	4.5	4.5	4.6

n（回答数）：総数 2,199（250.3），中学生 1,030（248.9），高校生 1,169（251.4）

（補導少年）

	総数	中学生	高校生
友だちと仲直りできるように自分からはたらきかけた	44.7	45.5	43.5
友だちが仲よくしてくるまで待っていた	24.0	23.1	24.5
信頼している別の友だちに相談し助言を求めた	36.0	28.9	42.2
解決策をいろいろ考えた	31.5	29.5	33.1
問題を起こしている人に怒りをぶちまけた	13.7	14.6	13.4
そのことについてあまり考えないようにした	26.8	30.5	24.7
自分の気持ちを別の友だちに聞いてもらった	37.7	35.4	39.2
自分で反省したり，気持ちが落ち着くように自分にいいきかせた	28.7	28.9	28.8
無回答	4.0	3.2	4.3

n（回答数）：総数 780（247.2），中学生 308（239.6），高校生 441（253.7）

問題行動にひそむ心理は？

　非行などのような反社会的な問題行動の場合には，自らその問題を苦にして相談に訪れることは少ない。しかし，そのような児童生徒でも，自分自身や友人関係，家庭や学校，社会に対して，悩みや不満を抱いているものである。本人と教師，保護者たちとの間には問題に関する認識のずれもあるが，児童生徒が示す問題行動を叱責や懲戒の対象とばかり考えるのではなく，その行動の背後にひそむ心理を理解することが問題行動の改善にとって大切となる。

心と身体の表現 （北山，1993）

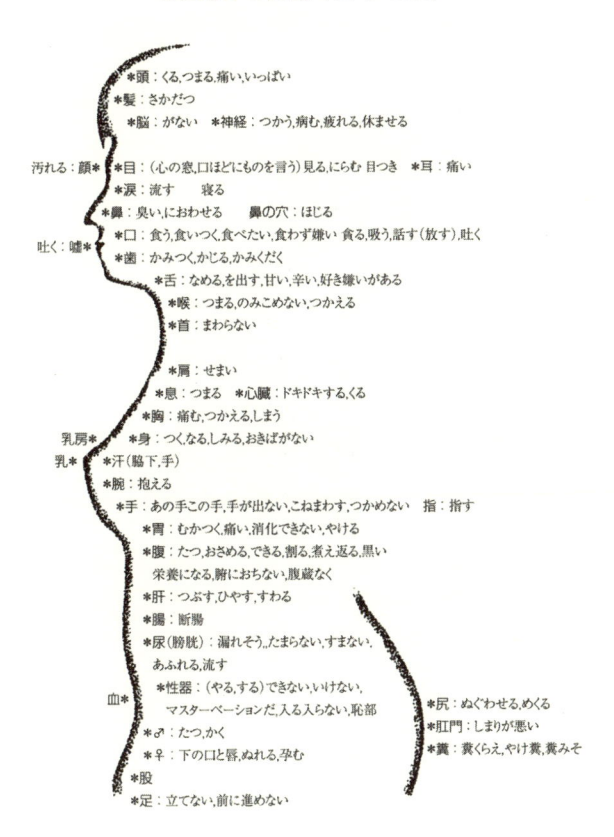

```
汚れる：顔＊  ＊頭：くる,つまる,痛い,いっぱい
             ＊髪：さかだつ
             ＊脳：がない  ＊神経：つかう,病む,疲れる,休ませる
             ＊目：(心の窓,口ほどにものを言う)見る,にらむ 目つき  ＊耳：痛い
       ＊涙：流す  寝る
             ＊鼻：臭い,におわせる  鼻の穴：ほじる
    吐く：嘘＊ ＊口：食う,食いつく,食べたい,食わず嫌い 貪る,吸う,話す(放す),吐く
             ＊歯：かみつく,かじる,かみくだく
             ＊舌：なめる,を出す,甘い,辛い,好き嫌いがある
             ＊喉：つまる,のみこめない,つかえる
             ＊首：まわらない

             ＊肩：せまい
             ＊息：つまる  ＊心臓：ドキドキする,くる
             ＊胸：痛む,つかえる,しまう
       乳房＊ ＊身：つく,なる,しみる,おきばがない
       乳＊  ＊汗(脇下,手)
             ＊腕：抱える
             ＊手：あの手この手,手が出ない,こねまわす,つかめない  指：指す
             ＊胃：むかつく,痛い,消化できない,やける
             ＊腹：たつ,おさめる,できる,割る,煮え返る,黒い
              栄養になる,腑におちない,腹蔵なく
             ＊肝：つぶす,ひやす,すわる
             ＊腸：断腸
             ＊尿(膀胱)：漏れそう,たまらない,すまない,
              あふれる,流す
        血＊  ＊性器：(やる,する)できない,いけない,    ＊尻：ぬぐわせる,めくる
              マスターベーションだ,入る入らない,恥部  ＊肛門：しまりが悪い
             ＊♂：たつ,かく                          ＊糞：糞くらえ,やけ糞,糞みそ
             ＊♀：下の口と唇,ぬれる,孕む
             ＊股
             ＊足：立てない,前に進めない
```

心を理解する手がかりはなにか

　面接の場面では，言葉として交わされるコミュニケーションの経路以外に，言葉とは違った，あるいは言葉になる以前の，あるいはまた言葉にすることのできないメッセージを伝える，非言語的コミュニケーションも問題を理解するための重要な情報源となっている。この点で，被面接者の「沈黙」にもさまざまなメッセージが含まれているものであり，その意味をうまくとらえていくことが重要となる。これについては，心理的な表現とも身体的な表現ともつかない，どちらともとれる比喩的な表現に１つの手がかりを求めることもできよう。

非言語的コミュニケーション

顔
- 額（眉をひそめる，驚き）
- 耳（赤くなる，聞き耳を立てる）
- 鼻（鼻の穴を広げる，しわを寄せる）
- 目
  - そらす―合う
  - 横目で見る
  - 涙ぐむ
  - 赤くなる
  - 見開く
- 口（かわく，口をすぼめる，締める）
- 口元（くいしばる，歯ぎしりをする）
- あご（震え，突き出す）
- のどもと
  - せきばらい
  - しめつける
  - 「のどぼとけ」～のみこむ

声
- 高さ／音（高い，しぼり出す，押し殺す）
- 震える
- 鼻声
- 吃る

呼吸
- 浅い
- 息をのむ
- ため息

身なり
- 服装
- 身だしなみ
- 身体の手入れ

姿勢
- 格好（前かがみ，背筋を伸ばす，ふらふら）
- 閉じる―開く（脚，腕）
- 肩，胸部
- 足もと

手
- 握りしめる，振り上げる
- トントンたたく
- 手振り
- 握手

非言語的コミュニケーション

　同じ言葉でも，声の高さ，ペース，イントネーションが違えば異なる意味合いを伝えることになり，表情や姿勢，息づかいによってもまた違ったニュアンスを帯びてくる。たとえば，「好きだよ」という言葉をできるだけ多くの言い方で言ってみよう。その際，それぞれの言い方でどのような気持ちを伝えることになるか，それぞれの言い方のどのような点がその気持ちを見分けるための手がかりとなっているかを考えてみよう。

4章 サインを見逃すな 45

応答練習
この来談者がどのような感じをもっているのかを想像し，面接者であるあなたが自分の心のなかにつくり上げたイメージをそのまま言葉にして表現して伝えるとすれば，どのような言葉になるかを考えてみよう。

私には，友達も恋人もいないし，両親も私のことをわかってくれなくて，1人ぼっちだなあって感じるんです。このまま生きていって，何になるのかなあって，ときどき思います。

心の波長を合わせる

　面接によって被面接者の問題を理解していくためには，共感的理解が重要となる。これは，被面接者が現在どのような感じをもっているかについて，その人自身の内的な枠組みから，つまり，その人自身が感じているとおりに，その人自身の視点からとらえていくことである。被面接者が示す言動のなかの腑に落ちない点を不思議に思えるということも大切なことであり，そこからさらに相手に対する理解が深まっていくことになる。

疑問文の性質 （神田橋, 1984）

① yes or no
② Which
③ What Who
④ Where When How
⑤ Why

情報量　明確さ　答え難さ

面接者から被面接者への応答 （成田, 1986より作成）

1) "You are a 〜"
   「あなたはいつも怒っているばかりいる性格異常者だ」
2) "You are 〜"
   「あなたは怒っているのですね」
3) "You feel 〜"
   「あなたは今ここで怒りを感じていますね」
4) "I feel 〜"
   「あなたに怒られているようで，私のなかにも怒りがわいてきて困惑します」

面接場面でどう応答するか

　面接の場面では，面接者と被面接者との間でさまざまなやりとりが交わされる。面接者の問いかけの仕方によって，それによって得られる情報量や，問いかけの明瞭さ，被面接者の答えにくさなどは異なるものである。被面接者に対して面接者がどのように応答するかによっても，被面接者の内省の仕方は変わってくる。

　被面接者を一定の見方に押し込めてしまわずに，面接者自身が感じることを被面接者に伝え返すことが相手の理解を深めることもある。面接者にとって，被面接者の状態や面接の目的に応じて問いかけの仕方や応じ方を工夫することが，相手をよりよく理解するために大切となる。

5章　心理テストを活用する
■問題の理解

アセスメント──理解のためのアプローチ
心理検査の種類と利用
心理検査を有用なものにするために
知能検査とはどういうものか
知能検査をどう使っていくか
性格検査とはどういうものか
投影法をつかう
質問紙をつかう

観察のポイントと面接法，検査法

■日常の学校生活における観察のポイント
- 学校生活のさまざまな場面を観察する
  授業中の態度や休み時間，クラブ活動などの様子
  行動や表情の変化や友達とのかかわり方
- 学業成績の特徴や変化にも注目する
  各教科，領域などで得意・不得意
  急な成績の変化
- 他の教職員からも情報をもらう
  他の教職員が気づいたことや理解していること

■面接法
- 児童生徒の全体的な特徴の理解ができる
- 相談や指導・治療的なかかわりの場となる
- 本人の言葉で，本人自身がどのように問題を理解しているかを理解することができる
- 児童生徒との人間関係や信頼関係を形成していく場となる

■検査法
- 特定の心理的特徴や行動特徴について客観的・量的な把握が可能になる
- 用いる検査の理論に則した詳細な理解が可能となる
- 集団での検査は短時間に多くの生徒を対象として実施できる
- 観察法や面接法では気づかない点についても明らかにすることができる

アセスメント——理解のためのアプローチ

　心理学的なアセスメントは，問題を査定するだけではなく，対象となる児童や生徒のさまざまな特徴について情報を収集し，問題の解決やより良い支援のために役立つ査定を行うことが大切である。
　生徒を理解するためのアプローチには，観察法，面接法，検査法などの方法がある。①観察法は，学校場面では，観察の条件や仕方を統制しない自然観察法が主で，日常の学校生活のなかでの行動などを観察しながら理解していく方法である。②面接法は，児童生徒と直接対話をしながら理解する方法で，援助を目的とした臨床的な面接（カウンセリング等）と情報収集のための構造化・半構造化面接がある。③検査法は，各種の心理検査などを用いて，その検査結果から得られた知見をもとに理解を深めていく方法である。

さまざまな援助場面とその時に候補となる各種心理検査の例

援助場面	候補となる心理検査
勉強がうまくいっていないようだけど，どんな支援をしたらよいか	学力検査／知能検査／記憶検査法／精神作業検査／創造性検査……etc.
授業中，落ち着きがない／話しがうまく入っていかない様子	発達検査／知能検査／言語学習能力診断検査／認知機能検査……etc.
学校が楽しくないのかなぁ／友達との関係はどうなのか	学級適応診断検査／ソシオメトリック・テスト／性格検査／ストレス尺度……etc.
どんなふうに物事を感じているのか／人となりは	性格検査／生徒理解調査／社会生活能力検査……etc.
保護者との関係はどうなっているのかなぁ	親子関係診断検査／家族画・描画法／家族イメージ法……etc.
進路とか将来について悩んでいるようだ	進路適性検査／職業興味検査／職業適性検査／性格検査……etc.

心理検査の種類と利用

　心理検査として利用できる検査にはさまざまなものがある。この章で取り上げている知能検査や性格検査のほかにも，学力検査や親子関係診断検査，進路適性検査や職業興味検査，道徳性検査や社会生活能力検査，心身の健康調査票など多方面から児童生徒を理解するための検査が開発されてきている。また，標準化され市販されている心理検査のほかにも，研究のなかで開発された質問票や尺度，チェックリストなどもある。たとえば，ストレス尺度やソーシャルサポート尺度，コーピング尺度，感情状態尺度，学校適応尺度，発達障害のチェックリストなどが開発されてきている。目的に合った心理検査を用いながら児童・生徒の心理的な世界がどのように構成されているかを全体的・統合的に理解していくことが重要である。

心理検査の実施過程

```
┌─────────────────┐     ┌─────────┐
│ 誰が何のために(誰の │────▶│  目 的  │
│ ために)検査を必要と │     │         │
│ しているのか      │     └────┬────┘
└─────────────────┘          │
                              ▼
┌─────────────────┐     ┌─────────┐
│ 検査にかかる時間・費 │────▶│ テストの │
│ 用・労力         │     │  選 択  │
│ 見込まれる結果と目的 │     │         │
│ とのかね合い      │     └────┬────┘
└─────────────────┘          │
                              ▼
┌─────────────────┐     ┌─────────┐
│ 生徒はどのような意図 │────▶│ 生徒との │
│ で受けようとしている │     │  合 意  │
│ のか            │     │         │
└─────────────────┘     └────┬────┘
                              │
                              ▼
                        ┌─────────┐
                        │  実 施  │
                        │         │
                        └────┬────┘
                              │
                              ▼
┌─────────────────┐     ┌─────────┐
│ 他の検査結果や生育 │────▶│ 結果の整 │
│ 史,家庭環境,学業成 │     │ 理と解釈 │
│ 績,学校内での様子 │     │         │
│ 等,その子どもに関す │     └────┬────┘
│ る他の情報とあわせて│         │
│ 統合的に解釈する   │         ▼
└─────────────────┘     ┌─────────┐
┌─────────────────┐     │         │
│ 個別指導や面接,授 │────▶│(個別)指導│
│ 業等への検査結果の │     │         │
│ フィードバック    │     └─────────┘
└─────────────────┘
```

心理検査の実施上の留意点

1．施行する際の留意点
- 検査を実施する目的をはっきりとさせておく。
- 検査の長所や短所といった検査の特性が目的に合致したものを選択する。
- 実施する心理検査の施行法は定められたとおりに行う。
- 生徒が,実施する心理検査の適用範囲(年齢等)にあるものを用いる。
- 生徒に検査を実施する目的や理由等を説明し同意を得る。

2．検査結果を解釈する際の留意点
- 実施した検査が何を測定しているのか理解しておく。
 (検査の基礎となる概念や理論も参照しておくことが望ましい。)
- 結果は断定的に見ないこと。数値のみにとらわれないこと。
- 検査を行った状況を考慮して解釈する。
- 解釈者自身の価値観や人間観,興味関心に結果を当てはめないこと。
- 都合の良いところだけを解釈しないこと。
- 結果(事実)と推測をはっきり区別すること。

3．結果を生徒に返すときの留意点
- 生徒が傷つくような形では絶対に返さないこと。つまり,個々の生徒に合わせて,生徒が自分自身のことを受け入れられる範囲で伝え,自己成長の糧となるように配慮する。
- 結果を両親や関係者に伝えるときには,そのことによって,生徒がどのような影響を受けることになるのか十分に考慮する必要がある。つまり,生徒が不利益を被ることのないように注意する。えてして,結果(数値)のみが1人歩きしてしまう場合があるので注意が必要である。原則として十分な年齢に達している生徒の場合には,その同意を得る。
- 個々の秘密は厳守しなければならない。

心理検査を有用なものにするために

　各種心理検査は,検査を受ける側にとっても実施する側にとっても負担のかかることである。それゆえ,実施する場合には,その必要性を十分吟味したうえで,児童・生徒の理解や指導に役立つように用いることが重要である。さらに,実施や実施後の結果の扱いについては人権などへの配慮が必要である。

知能検査の種類とその特徴

- 個別式検査
  - ビネー式（田中ビネー知能検査V，鈴木ビネーなど）
    知能の一般的水準を測定，比率IQ，偏差IQ
  - ウエックスラー式（成人用 WAIS-Ⅲ，児童用 WISC-Ⅲ，幼児用 WPPSI）
    診断的に知能を測定　偏差IQ（平均100，標準偏差15）
  - K-ABC 心理・教育アセスメントバッテリー
    知能の特性を認知処理過程と習得度から測定，標準得点（平均100，標準偏差15）
- 集団式検査
  - 言語式（A式）語彙や文章等による問題構成，知能偏差値等
  - 非言語式（B式）絵や図形，符号等による問題構成，知能偏差値等
  - 混合式（AB式）言語式と非言語式を統合した問題構成，知能偏差値等

WISC-Ⅲの下位検査の概要 （熊谷，2008）

	群指数	下位検査	検査概要
言語性検査	言語理解 (VC)	知識	日常生活において常識的な知識を問う
		類似	2つの言葉の上位概念を答えさせる
		単語	単語を聞かせ，それを説明させる
		理解	社会的に起こりえる状況や事象を文や文章で説明させる
	注意記憶 (FD)	算数	算数の課題を口頭で説明し，答えを求める
		数唱	数字をいくつか言い，それを順唱，逆唱で再生させる
動作性検査	知覚統合 (PO)	絵画完成	具体的な絵を見せ，そのなかでどこが足りないかを指さすか答えさせる
		絵画配列	数枚の絵を提示し，それらを物語の順番に並べ替える
		積木模様	幾何学的な模様を複数の積木（赤，白，赤白斜めになっているもの）で構成させる
		組合せ	いくつかに分けられているのを1つの具体物になるようにパズルを構成する
	処理速度 (PS)	符号	1つの数字のそれぞれ対応した記号があるときに，ランダムに並んだ数字に対応したそれぞれの記号を逐次書いていく
		記号探し	1ないし2個の図形が，複数の図形群のなかにあるかないかを判断させる
		迷路	迷路のなかにいる人を外に出られるように線でその道順を描かせる

知能検査とはどういうものか

知能検査は，そのもととなる知能観や検査方法などによっていくつかに分類される。主な観点としては，①実施形態が個別か集団か，②知能の全般的な水準を測定しようとしたものか，あるいは知能の構成因子ごとの評価を行い診断的にとらえようとしたものか，③構成された問題が言語にかかわる言語式か記号や数字，図形を用いた非言語式かなどである。集団式の知能検査の場合には，短時間に多くの児童生徒に対して同時に実施できるという長所がある。一方，回答に時間制限があるため熟慮型の児童生徒には不利になりやすい点や，回答までの思考過程や独自な回答特徴といったものはとらえにくいなどの短所もある。

比率IQ
$I.Q. = M.A.(精神年齢) / C.A.(暦年齢) \times 100$

偏差IQ（ウエックスラー式）
$I.Q. = 15 \times (X - M) \div SD + 100$

知能偏差値
$I.S.S. = 10 \times (X - M) \div SD + 50$

X［個人の得点］
M［サンプル集団の平均］
SD［標準偏差値］

WISC-Ⅲの群指数の意味 (大六, 2006)

群指数名（略記号）	解説
言語理解（VC）	言語の理解力および表現力
知覚統合（PO）	非言語的（主として視覚的）な認知能力および構成能力
注意記憶（FD）	注意力・集中力，または作動記憶
処理速度（PS）	処理速度，または作動記憶

WISC-Ⅲ，K-ABC 検査結果の解釈の手順 (大六, 2006)

WISC-Ⅲ（藤田ほか, 2005）		K-ABC（前川, 2003）	
レベルⅠ	IQ（全検査IQ），言語IQ，動作性IQ	レベルⅠ	総合尺度（認知処理過程尺度，習得度尺度，継次処理尺度，同時処理尺度）の標準得点
レベルⅡ	群指数		
レベルⅢ	複数の下位検査に共通する能力・影響因（プロフィール分析表）	レベルⅡ	複数の下位検査に共通する能力・影響因（プロフィール分析表）
レベルⅣ	各下位検査に固有の能力・影響因，質的分析	レベルⅢ	各下位検査に固有の能力・影響因，質的分析

知能検査をどう使っていくか

　知能検査では，全体的な知能指数だけではなく，下位検査をもとに知能や認知機能の諸側面についての情報も得られる。また，回答内容や検査場面での行動特徴などからパーソナリティや情緒的な側面についても情報を得ることができる。

　具体的な例としては，とびとびに正解があるような場合や，正解や不正解に一定の傾向がある場合，回答として語られた内容にその児童生徒固有の表現や他者やとりまく世界の理解の仕方が表現されている場合などである。最近では，ウエックスラー式の知能検査の各下位尺度をもとに，児童生徒の認知機能などを査定し，発達障害等の診断や支援に役立てることができるようになってきている。

性格検査の種類とその代表的検査

- 質問紙法……Y-G性格検査，ミネソタ多面的人格目録（MMPI），16PF人格検査，EPPS性格検査，CAS不安測定検査，東大式エゴグラム
- 投影法……ロールシャッハ・テスト，主題統覚検査（TAT，CAT），文章完成法（SCT），絵画欲求不満テスト（P-Fスタディ），描画法，言語連想検査
- 作業検査法……内田クレペリン検査

テスト選択にかかわる諸要因 （小川，1988）

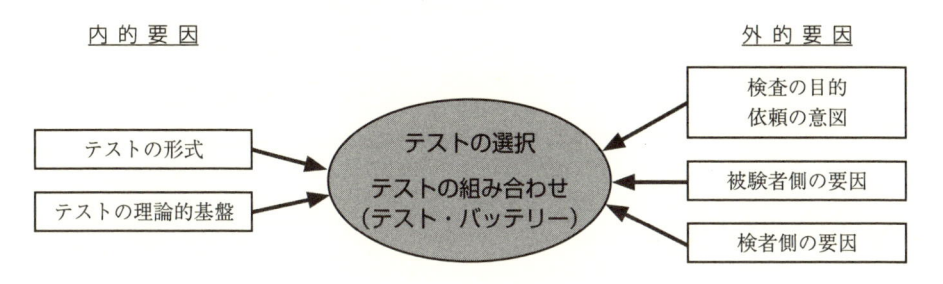

内的要因
- テストの形式
- テストの理論的基盤

→ **テストの選択　テストの組み合わせ（テスト・バッテリー）** ←

外的要因
- 検査の目的　依頼の意図
- 被験者側の要因
- 検者側の要因

性格検査とはどういうものか

　性格検査は，検査に用いる問題（刺激）や施行方法によって質問紙法，投影法，作業検査法に大きく分類される。それぞれの検査法には長所も短所もあり，また結果として明らかとなるパーソナリティの諸側面も異なっている。したがって，検査の目的や検査にかけられる時間や労力等を考慮して，それぞれの検査法の長所を生かしながらいくつか異なる検査を組み合わせてバッテリーを組むことも一般に行われる。また，たとえば，「不安」を測る尺度は多くの性格検査のなかに含まれているが，各性格検査によって「不安」の理論や概念はそれぞれ異なっている。それゆえ当該の性格検査がどのような理論にもとづいて作成されているのか，あるいは具体的にどのようなパーソナリティ特徴を表しているのかも理解しておくことが大切である。

各心理検査の関係 (Schneidman, 1953より修正)

意識水準	心理テストのタイプ
意識	質問紙法（Y-G, MMPI）
前意識	投影法（P-Fスタディ, TAT）
無意識	投影法（ロールシャッハ法）

ロールシャッハ・テストとTAT主題統覚検査における主な解釈方法
（氏原ほか，2006より作成）

■ロールシャッハ・テスト
- クロッパー法：クロッパー（Klopfer, B.）によって確立されたもっとも代表的な方法。
- 片口法：片口安史によってまとめられた日本における基本的な代表的な方法。
- 包括システム：エクスナー（Exner, J.E.）によって確立された実証性に特徴がある方法。
- ピオトロウスキー法：ピオトロウスキー（Piotrowski, Z.A.）により知覚分析として提唱された方法。
- その他，日本における施行・解釈法としては，阪大法や名大法がある。また，シャハテル（Schachtel, E.G）によって反応結果の体験的な理解の仕方も示されている。

■TAT主題統覚検査
- 欲求―圧力分析：マレー（Murray, H.A.）らによるもので，語られた出来事を主人公と環境について欲求と圧力との関係で分析していく方法。
- かかわり分析：山本和郎によるもので，語られた物語を現象学的にそして共感的に理解していく治療的理解の方法。
- 対象関係スコア：ウェステン（Westen, D.）よる方法で，精神分析的対象関係論にもとづいて物語を読み取っていく方法。

投影法をつかう

　投影法は，あいまいで多義的な刺激を被験者がどのように知覚し認知し意味づけていくかによって，その被験者のパーソナリティ全体を詳細に浮き彫りにしていく方法である。投影法の特徴は，パーソナリティを他の方法よりも全体的に統合的に理解できると共に，

TAT 主題統覚検査の反応例
(ハーバード版；6GF) (21歳, 女子大生)

　この被験者の現実の家庭も精神的に豊かで安定したものであり, そういった世界がこの図版に投影されている。父親や母親といった両親像も安定しており, そういった両親像を取り入れながら自分の将来の家庭観も語っている。数年後この被験者は結婚し2児の母となり, ここで語られたような家庭を築きつつある。

　図版に投影され語られる世界は, 必ずしも現実のものとは限らずその意味合いといったものは被験者の個々の図版によっても異なる。したがって, 解釈にあたっては実際の成育史や環境等, 他の資料をふまえたうえで, なされた反応を吟味し, 被験者のどのような心理的な世界がどのように投影されているのかを解釈する必要がある。

(この図は原版を模写したものである)

(〜20秒〜) これ, 親子です, この2人。それで, 娘がわりと厳しい学校に通いて, その寄宿舎から卒業して帰ってきて。で, 1人で今までの生活を, まあ厳しかったけど, わりと楽しかったなあと思いながら, この先何かいいことないかしらなんて, 応接間みたいなところにいて考えていると, お父さんがやってきて,「何考えてんの」なんて感じで, 後ろから急に言ったので, この人,「えっ」と, こういう感じで驚いています。お父さんもこの娘がかわいくってしょうがなくて, なんか, 温厚そうな感じ。こう, 娘と一緒の時間がもてるのがうれしい感じで, 後ろからのぞき込んでいます。で, ここにお母さんが出ていないけれど, やっぱり, お母さんも温かく娘を歓迎しているっていうか, そういう感じで, きっと, 何か, 楽しいおうちっていうか, この娘さんをすごくかわいがっている感じで, きっと, 何か, 楽しいおうちっていうか, この娘さんをすごくかわいがっているおうちじゃないかなあ。で, しばらくきっとおうちで, 何か, こう, ピアノを弾いたりとか本を読んだりとか, そういう好きな生活を送って, 後は結婚するかどうか, それはわからないけど, こう, そんな娘がかわいくてしょうがないっていうお父さんとお母さんですね。うん。
(これから先はどうなるの) この先？……。何かすぐ先はわからないけど, また何十年か経ったら, こういう風景が浮かぶような家庭っていうか, そういう家庭の, 今度はお母さんに, この女の子はなっているような気がします。なんか, こう, わりといつまでも, 幸せなっていうか, あんまり不幸な目に会わないで, うん, 一生暮らせるような……こう, ある意味で恵まれたっていうか, ちょっとうらやましい感じがします。
(この家庭ってどんな家庭？) うん, だから, なんとなく経済的にも豊かだろうし, 精神的にも豊かっていうか, 何かゆとりがある。あんまり, こう, ガミガミ怒ったりしないで, かわいいって変に甘やかすわけじゃないけど, 本当に, かわいがっているっていうか, ゆったりと構えているような感じの家庭を思い浮かべますね。そんなところです。

本人が意識していない面までも明らかにすることができる。しかし, どの程度豊かなテスト結果が得られるかは検査者の力量による点が多く, 客観性や妥当性の上で十分ではない面もある。投影法にもいろいろな種類があり, 目的や指導形態にあわせて適宜選択しながら利用することが望ましく, 用い方によっては, 検査の枠組みを越えて治療的な意味合いも十分含まれてくるのである。

YGPI® の具体例（20歳・女子大生）
（日本心理テスト研究所株式会社「YGPI 個人判定表」より作成，プロフィールのみ掲載）

（性格特徴）
- D : 陰気, 悲観的気分, 罪悪感の強い性質
- C : 著しい気分の変化, 驚きやすい性質
- I : 自信の欠乏, 自己の過小評価, 不適応感が強い
- N : 心配性, 神経質, ノイローゼ気味
- O : 空想的, 過敏性, 主観的
- Co : 不満が多い, 人を信用しない性質
- Ag : 攻撃的, 社会的活動性, ただしこの性質が強すぎると社会的不適応になりやすい
- G : 活発な性質, 体を動かすことが好き
- R : 気がるな, のんきな, 活発, 衝動的な性質
- T : 非熟慮的, 瞑想的および反対傾向
- A : 社会的指導性, リーダーシップのある性質
- S : 対人的に外向的, 社交的, 社会的接触を好む傾向

（注）各尺度の性格特徴は高得点ほどその傾向が強くなる

このプロフィールから情緒的には比較的に安定しており，社会的にも適応的で積極的，活動的，外向的な特徴がうかがえる。
YGPI は，この他にもこのプロフィールからいくつかの類型（パーソナリティのタイプ）に分類した結果も得られる。この例ではD型（ディレクタータイプ）と分類される。

質問紙をつかう

質問紙法は，一定の質問項目に対し，「はい」「いいえ」の２件法かあるいはそれに「わからない」や「どちらでもない」を加えた３件法で被験者に回答を求め，その回答の傾向からパーソナリティ特徴を描き出す方法である。質問紙法の特徴は，長所としては，比較的短時間に集団でも実施でき，テストの施行が簡単で結果も数量的に処理されているため客観的に評価でき，集団間の評価や集団内の個人の位置づけができる点等があげられる。一方，短所としては，回答が自己報告の形で求められるため意識的・無意識的な歪曲を受けやすい。特定のパーソナリティ特性について測定しているためパーソナリティの全体像を描きにくいといった点もある。

YGPI® は日本心理テスト研究所株式会社の登録商標です。

6章 立場の違いを考える
■教師・生徒関係

生徒は教師をどのようにみているのか
教師は生徒をどのようにみているか1　問題行動
教師は生徒をどのようにみているか2　ピグマリオン効果
教師は生徒をどのようにみているか3　教師の態度と生徒の適応
教師―生徒関係の理解のために
よき理解者，よき協力者としての保護者との連携
評価に対する「構え」に気づく

好きな先生（NHK 世論調査部，1984）

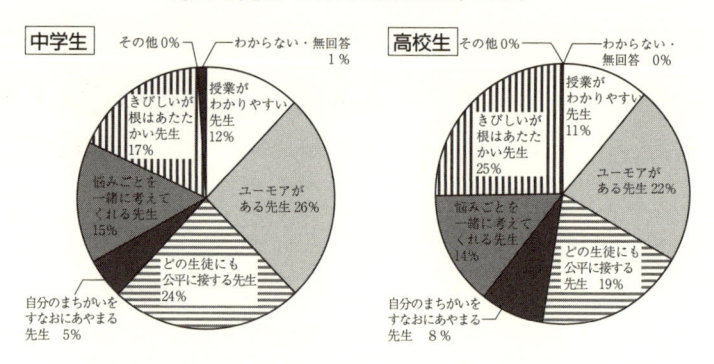

中学生
- 授業がわかりやすい先生 12%
- ユーモアがある先生 26%
- どの生徒にも公平に接する先生 24%
- 自分のまちがいをすなおにあやまる先生 5%
- 悩みごとを一緒に考えてくれる先生 15%
- きびしいが根はあたたかい先生 17%
- その他 0%
- わからない・無回答 1%

高校生
- 授業がわかりやすい先生 11%
- ユーモアがある先生 22%
- どの生徒にも公平に接する先生 19%
- 自分のまちがいをすなおにあやまる先生 8%
- 悩みごとを一緒に考えてくれる先生 14%
- きびしいが根はあたたかい先生 25%
- その他 0%
- わからない・無回答 0%

教員採用試験合格者の教職志望動機（藤原，2004）

- 子どもが好き
- 教師は重要な職業
- 恩師の生き方
- 教師への憧れ
- 性格が教師向き
- 子どもとの活動に充実感
- 教師の親・親戚の生き方
- 教師の親・親戚を乗越え
- 恩師・知人に勧められて
- 勧誘
- 安定した職業
- 教師の親・親戚の勧誘
- 教採に合格したので
- 友達から勧められて
- なんとなく

理想の教師：理想の教師とは誰にとっての理想なのか。保護者が求める理想と生徒の理想は必ずしも一致しない。理想像には立場の違いによって異なってくる内容と立場の違いを超えて共通した内容がある。あなたが目標とする教師像は誰の期待を反映しているのか考えてみてほしい。

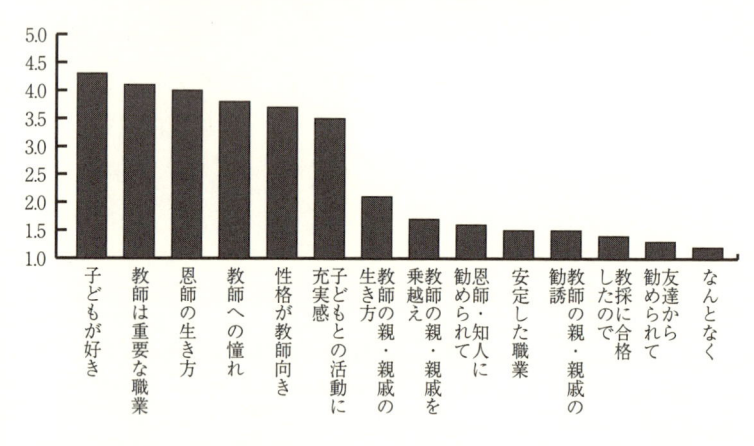

好きな教師：好きな教師についての結果の見方で注意すべき点がある。「授業がわかりやすい先生」という回答内容のもつ意味は，個々の生徒の学業成績の状況によって違ったものになるかもしれない。

生徒は教師をどのようにみているのか

　教師と生徒の人間関係は「とても重要なこと」であるとか「大きな意味をもつこと」であると，なんとなくわかっているような気がしていないだろうか。小・中学生や高校生であったころ，あなたと先生の関係はどうだっただろうか。そして大学に在籍する今はどうか。どんな先生が理想であり，実際にどんな先生が好きなのか。あなたが教職を希望する動機となにか関係があるか。あなたと先生との間になにかエピソードのようなものがあれば，ここでちょっと思い浮かべてみよう。

生徒による教師行動の認知過程

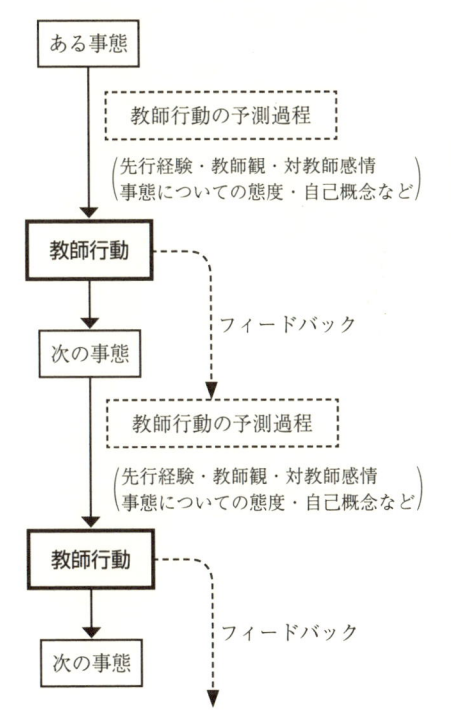

```
ある事態
  ↓
  ┌─────────────────┐
  │ 教師行動の予測過程 │
  └─────────────────┘
 (先行経験・教師観・対教師感情
  事態についての態度・自己概念など)
  ↓
【教師行動】 ┈┈┐
  ↓          フィードバック
 次の事態     │
  ↓          │
  ┌─────────────────┐
  │ 教師行動の予測過程 │
  └─────────────────┘
 (先行経験・教師観・対教師感情
  事態についての態度・自己概念など)
  ↓
【教師行動】 ┈┈┐
  ↓          フィードバック
 次の事態
```

児童の自発的な行動の予測に及ぼす賞賛の効果
(対教師感情段階別)(中西，1991より作成)

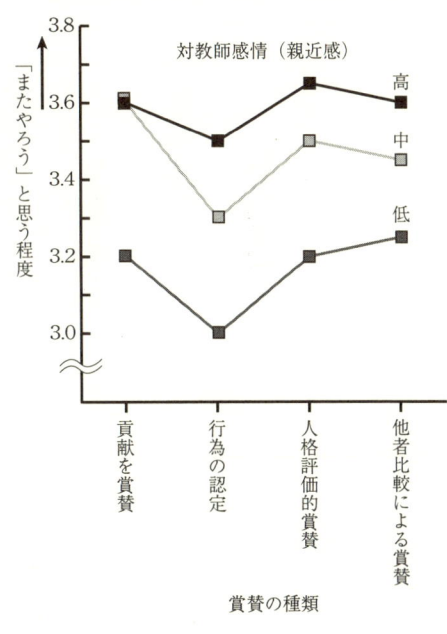

対教師感情（親近感）：高・中・低

縦軸：「またやろう」と思う程度（3.0〜3.8）
横軸：賞賛の種類（貢献を賞賛／行為の認定／人格評価的賞賛／他者比較による賞賛）

　先生に対して「好き」「嫌い」といった感情はどのようなプロセスで生徒の心のなかに形成されていくのであろうか。自分と先生との間でなにか出来事があった場合、また、**間接的経験**として、先生とクラスメートの間の出来事をそばで見たり、話に聞いた場合でも対教師感情の形成や修正の契機となる。対教師感情の重要性は上図に見ることができる。廊下のゴミを拾ったことに対して教師からほめられた場合、対教師感情の高低によって「またやろう」という動機を引き起こす程度が異なってくる。「あの先生は信頼できるなあ」「あの先生とは何か気が合わない」などの態度がどのように形成されるのか、教師行動の認知過程に自分の経験をあてはめながら考えてみよう。

> **教師・生徒関係の出来事の例**：たとえば、病気で学校を休んだ時、掃除を一生懸命したとき、遅刻したとき、提出物を忘れたときなど。
>
> **間接的経験**：モデルとなる友人の行動を見たり話を聞くことでモデルと同じような行動が学習される。観察学習（モデリング）。

教師評価とソシオメトリーとのずれ（過誤）の程度
（小川, 1956より作成）

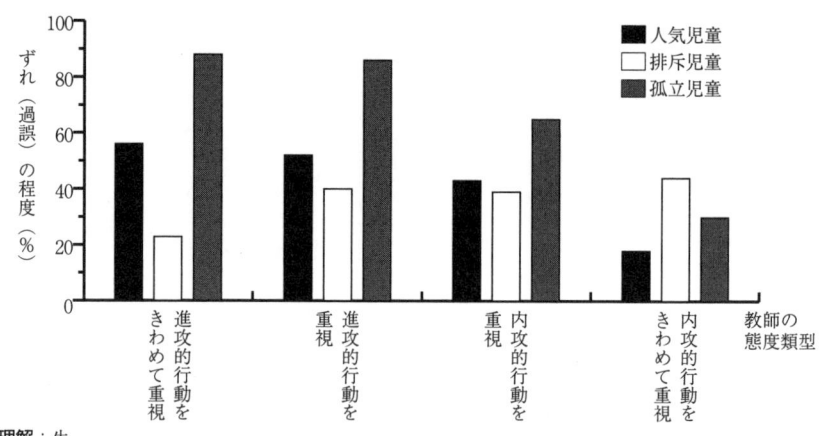

凡例: ■人気児童 □排斥児童 ■孤立児童

横軸（教師の態度類型）: 進攻的行動をきわめて重視／進攻的行動を重視／内攻的行動を重視／内攻的行動をきわめて重視

縦軸: ずれ（過誤）の程度（％）

教師に対する態度の比較（小川, 1956）

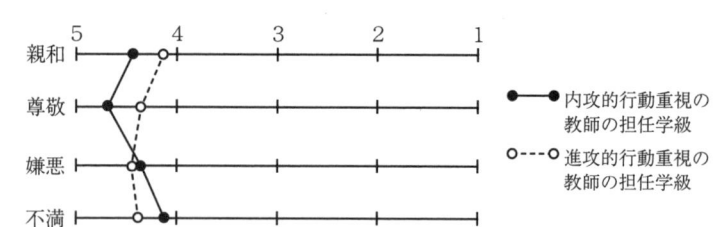

項目（5〜1の尺度）: 親和／尊敬／嫌悪／不満

凡例:
●―● 内攻的行動重視の教師の担任学級
○---○ 進攻的行動重視の教師の担任学級

評価的理解：生徒理解の方法には，共感的に理解する方法と評価的に理解する方法がある。評価的理解は教師自身の価値観や枠組みの影響を回避し，客観的に，知能検査，学力テスト，性格テスト，ソシオメトリック・テスト，日常の行動観察，生徒の作文や日記などから理解する。

問題行動：非社会的行動と反社会的行動に分類される。臨床の専門家がどちらかといえば非社会的行動を重視するのに対し，教師は反社会的行動を重視するというように，見方にずれが生じていると言われている。

教師は生徒をどのようにみているか1　問題行動

　反社会（進攻）性重視の教師と非社会（内攻）性重視の教師について，教師の児童理解の面と児童の教師に対する態度を比較した。ソシオメトリック・テストの選択状況から非社会性重視の教師の学級の方が親和的・協力的な学級雰囲気であった。児童理解の面では，非社会性重視の教師はとりわけ孤立児童理解の点で優れていた。また，過誤の内容分析から，反社会性重視の教師において排斥児と孤立児の指導に対する理解が十分に分化していないことがわかった。さらに，非社会的行動を重視する教師の担任学級では，教師に対する態度が親和的，尊敬的で，不満が低いという傾向を示した。

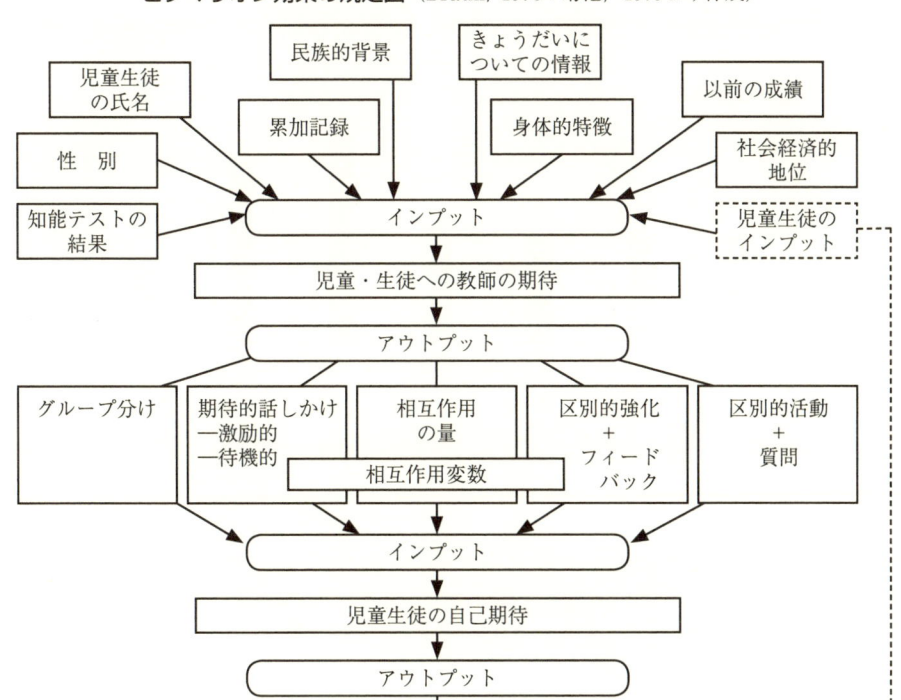

ピグマリオン効果の規定因 (Braun, 1976；菊池, 1979より作成)

```
児童生徒の氏名   民族的背景   きょうだいについての情報   以前の成績
性別           累加記録     身体的特徴              社会経済的地位
知能テストの結果
          ↓
       インプット ←──────────────── 児童生徒のインプット
          ↓
   児童・生徒への教師の期待
          ↓
       アウトプット
    ↓      ↓      ↓      ↓      ↓
グループ分け  期待的話しかけ  相互作用  区別的強化   区別的活動
         ―激励的     の量     ＋        ＋
         ―待機的             フィード    質問
                  相互作用変数  バック
          ↓
       インプット
          ↓
     児童生徒の自己期待
          ↓
       アウトプット
```

教師は生徒をどのようにみているか2　ピグマリオン効果

　小学1～6年生の各学年からランダムに選んだクラスの約20%の児童について，「知能テストの結果，将来非常に伸びる可能性がある」という情報が担任教師に与えられた。8カ月後には知的向上が期待された児童に著しい能力の伸長が認められた。図から期待が形成されるいろいろな要因と教師の行動の関係について考えてみよう。教師が個々の生徒に抱く期待は，生徒に対する働きかけや人格評価に影響を与えることがある。教師がひそかに期待を抱くだけで，このような効果が認められることは，生徒への評価的理解は慎重でなければならないことを示唆している。生徒を固定観念で見たり，教室内の態度からの印象だけで生徒を理解してしまわないよう注意したい。

教師の受容的・共感的態度と生徒の学級生活（岡山県教育センター，1981）
G：教師に受容的・共感的態度を高く認知した上位群，N=42　P：下位群，N=42

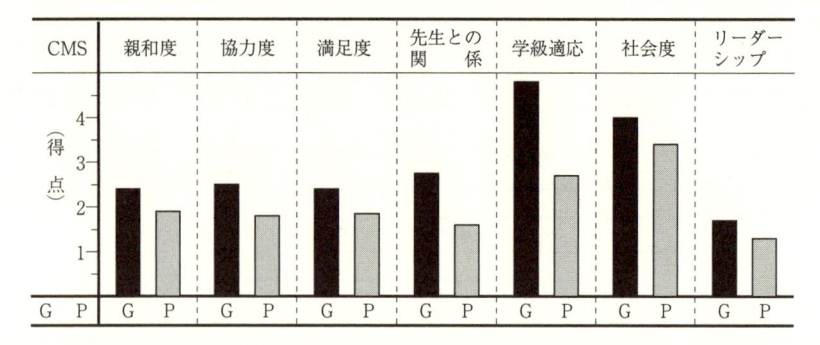

CMS	親和度	協力度	満足度	先生との関係	学級適応	社会度	リーダーシップ
G P	G P	G P	G P	G P	G P	G P	G P

教師の受容的・共感的態度の増加にともなう教師への態度の変化（浜名・北山，1988）

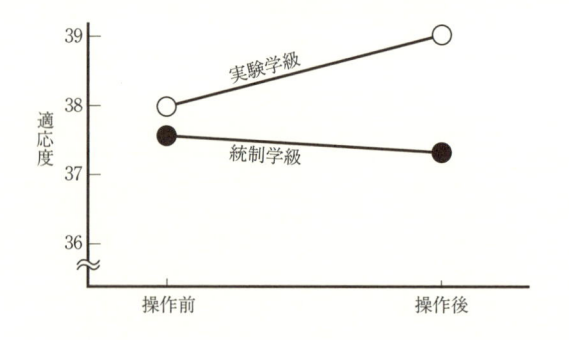

教師は生徒をどのようにみているか3　教師の態度と生徒の適応

共感的理解：相手の気持ちになって人間を理解すること。単なる同情ではなく，また，本人の感情にまき込まれることなく，本人のなかで起こっている感情などの私的世界を感じること。生徒の行動に由来する欲求や自己観，価値観などの理解を助ける。

　教育相談では**共感的理解**の重要性が強調されるが，教師と生徒集団の関係場面ではどうであろうか。上図は，教師の受容的・共感的態度（生徒による認知）と生徒の学級適応との関係を示している。生徒から受容的・共感的であると認知される教師のもとでは生徒の学級適応や教師との関係，さらに生徒同士の人間関係（社会度）などが好ましい状態であることがわかる。また，浜名・北山（1988）では，教師が受容的・共感的態度をとるように意識的に実践した結果，教師との関係が肯定的な方向へ変化した。教師の態度が生徒の学級の適応状態に対して積極的な役割を果たすことがわかる。

教師の指導態度を予測するための図版例（瀧野，1992）

生徒の人格発達の個人差（A～C）を考慮した教師のかかわり方

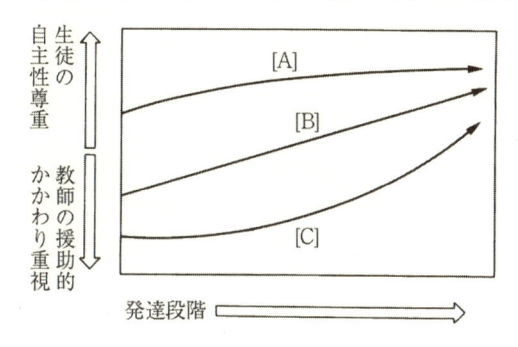

教師―生徒関係の理解のために

「生徒のことを理解して指導しているつもりなのに何かうまくいかない」。そんな場合は，教師の指導の意図と生徒の受けとめ方にずれがあるのかもしれない。上図は，生徒が何か失敗した場面において，教師がどのような指導態度をとるかを生徒が予測する調査の一例である。教師の指導が生徒にどうとらえられているのかを理解しておくことが大切である。さらに，日常の行動観察以外に，生徒の学級適応状況の調査なども活用したい。そして，生徒指導や進路指導の教師には，「生徒の自主性を尊重して細かく注意する必要はない」という指導観もあれば，「まだまだきめ細やかな援助や配慮が必要」という指導観もある。しかし，下図のように生徒個人の人格発達に寄り添った教師のかかわり方が求められる。

保護者への「自信のある対応」と「自信のない対応」(福田, 2004)

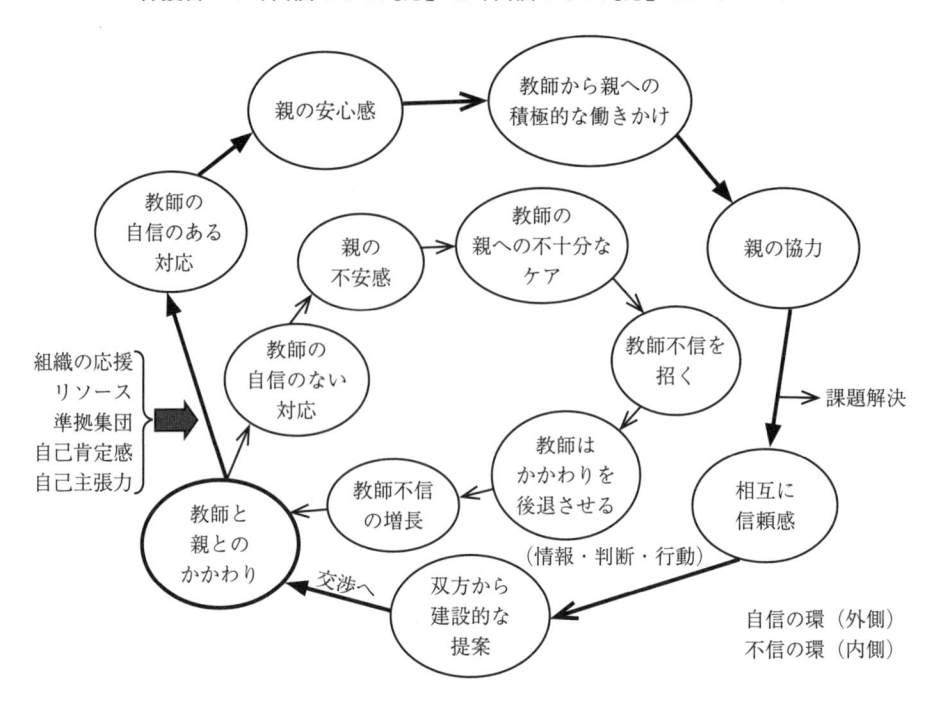

組織の応援
リソース
準拠集団
自己肯定感
自己主張力

自信の環（外側）
不信の環（内側）

→ 課題解決

よき理解者，よき協力者としての保護者との連携

　保護者も教師も子どもを伸ばし育てたい思いは共通なのに，それぞれの立場で困ったり悩むことが多く，お互いの思いに気付きにくい。そのなかで生徒指導や教育相談上の課題解決に教師が取り組むべきことは，保護者との連携である。そのために，福田（2004）は「教師の自信ある対応」を提案した。その背景には，教職員間のサポートも必要であるが，教師が授業や生徒指導などを通じた生徒との信頼関係の形成，保護者との情報共有が重要である。具体的には，学級通信やホームページで生徒の学校生活の様子を報告したり，連絡帳，電話，家庭訪問によって個別に連絡をする。保護者懇談会や授業参観には，教育実践に対する教師の考えや具体的な取り組みを説明し，保護者間の話し合いや交流を促進するためのグループワークを実施してみよう。このような教師の積極性が有効である。

教師の悩みを規定する要因 (瀧野, 1984より作成)

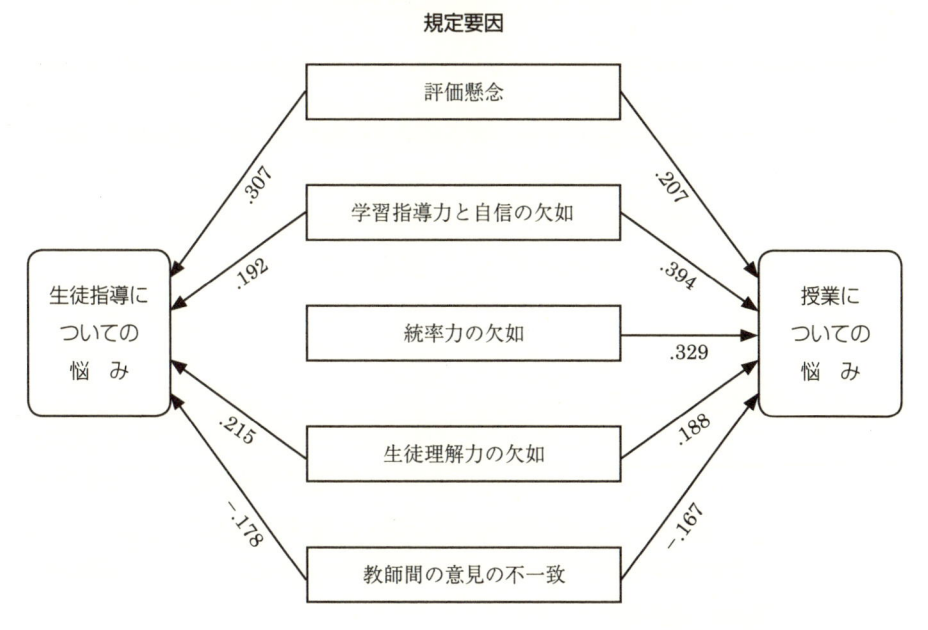

規定要因

```
                        評価懸念
              .307  ↙                ↘  .207
                 学習指導力と自信の欠如
              .192  ↙                ↘  .394
  生徒指導                                    授業に
  についての      統率力の欠如              ついての
    悩み                      .329            悩み
              .215  ↙                ↘  .188
                 生徒理解力の欠如
              −.178 ↙               ↘  −.167
                教師間の意見の不一致
```

注）矢印の数値は重回帰分析における標準化偏回帰係数を表している。

評価に対する「構え」に気づく

　教師をとりまく人間関係において生じる悩みについての調査結果によると、「授業についての悩み」「生徒指導についての悩み」とその規定要因の関係は上図のようになった。とくに「評価を懸念する」要因は、悩みの説明に統計的に有意に取り上げられ、評価に対する「構え」が円滑な教育活動の妨げとなっていることがうかがえる。確かに評価が気になること自体は自然な感情である。しかし、「構え」に関して、授業の準備が不十分なためか、説明の仕方が不慣れなのか、自己効力感が不足しているのか、などとその理由について分析してみる。そして、事前の準備で解決できることは解決し、評価を過剰に気にしながらの指導から抜け出し、柔軟な姿勢がとれることが大切である。

自己効力感：ある状況で適切な対応ができそうだという予想や自信のこと。結果予期と効力予期がある。

コラム2■携帯電話

　携帯電話（Cellular Phone）とは，線電話系通信事業者による電話機を携帯する形の移動体通信システムである。携帯電話は1979年，日本において世界で初めて実用化された。1990年代からの10年間で老若男女を問わず爆発的に普及した。実際に高校生の96.0％，中学生の57.6％，小学生の31.3％が2007年現在携帯電話を所有しており，とくに子どもの携帯利用率は日本が一番といわれている。このように急速に普及したことにより，携帯電話は肯定的にも否定的にもわれわれにさまざまな影響を及ぼしている。
　肯定的影響としては，仕事における生産性の向上，親の子どもに対する連絡の緊密化，子どもの防犯を挙げることができる。さらに，仲間・身内のつながりの強化，孤独感の低下といった対人関係への影響も指摘されている。
　一方，否定的影響としては，仕事とプライベートのあいまい化による束縛感の増加，携帯電話の通話やメールを介さないとうまくコミュニケーションがとれない人の増加，返信が来るかを過度に気にしたり，携帯電話の電源が常に入っていないと不安になるという携帯依存の増加といった問題があげられる。
　このように携帯電話は個人に多大なる影響を及ぼすため，社会的にもさまざまな影響をもたらしている。具体的には，マナーの悪さによる対人トラブル，交通事故，学校裏サイトなどでのネットいじめ，誹謗中傷，盗撮，児童売春，プライバシーやプライベートな画像，度を超えた残虐画像，わいせつ画像の流出などの社会問題が生じている。このような携帯電話による問題は，本人も気がつかないうちにいつの間にか素速く進行し，かつ複雑に長期間われわれに暗い影を落とすという特徴がある。
　携帯電話，とくに小学生以下の子どもの使用に関してはさまざまな議論が生じている。携帯電話関連会社，学校，保護者，地域など関連する人々が有効で健全な携帯電話の活用法について今後活発かつ慎重に検討していく必要があるだろう。

Ⅲ部　問題行動

7章　特別支援を要する子どもたち
■発達障害

学級で特別支援を要する障害
LDとは
学級でのLDの子ども
学級でのADHDの子ども
ADHD不注意優勢型
ADHDの子どもへの指導
学級でのアスペルガー障害の子ども
アスペルガー障害の指導
教師の指導のあり方

診断カテゴリー

通常，幼児期，小児期，または青年期に初めて診断される障害

- 精神遅滞
- 学習障害
  - 書字障害　算数障害　書字表出障害　特定不能の学習障害
- 運動能力障害
- コミュニケーション障害
- 広汎性発達障害
  - 自閉性障害　レット障害　小児期崩壊性障害　アスペルガー障害
  - 特定不能の広汎性発達障害
- 注意欠陥および破壊的行動障害
  - 注意欠陥／多動性障害　特定不能の注意欠陥／多動性障害　行為障害　反抗挑戦性障害
  - 特定不能の破壊的行動傷害
- 幼児期または小児期早期の哺育，摂食障害
- チック障害
- 排泄障害
- 幼児期，小児期，または青年期の障害

※ DSM-Ⅳ-TR より

学級で特別支援を要する障害

幼児期から小児期，青年期にかけて問題となる障害は，さまざまにある。それら障害は，重度の精神遅滞など**特別支援学校**等における専門的な援助を必要とする障害から，一時的な専門機関の援助で対応できるものまで，さまざまである。

ここでは，とくに通常の学級での一斉指導による教育が可能であるとみなされるものの，特別支援が必要であるとして近年注目されている，LD（学習障害），ADHD（注意欠陥多動性障害），アスペルガー障害といった文部科学省の定義する発達障害に含まれるものについて解説する。

特別支援学校：障害のある幼児児童生徒の自立や社会参加に向けた主体的な取り組みを支援するための学校。2007年4月に学校教育法に「特別支援教育」が位置づけられてから，旧盲・聾・養護学校が「特別支援学校」となった。

LDとは

　LD（学習障害）は、「聞く、話す、読む、書く、計算するまたは推論する能力のうち特定のものの習得と使用に著しい困難」が認められることをいう（文部省，1999）。聞き違えや読み違え、文章を適切な文節毎に区切れない、書く文字の形や大きさが整わない、など、学習の基本的な作業において困難を有するため、教科指導全体にわたる配慮が必要となる。

　課題分析にもとづいて教科指導におけるつまずきを調べ、WISCやK-ABCといった心理検査結果から推察される認知特性との関連を推察し、その子どもの得意とする学習様式や受け入れやすいタイプの課題提示方法を検討する必要がある。子どもに応じた指導によって、子どもの本来もっている力を大きく引き延ばすことができる。

WISC：16歳以下を対象とするウエックスラー式知能検査。複数の下位検査が設けられ、各得点のプロフィールから発達障害の特徴をある程度判定できること、支援の方向性を検討する際、有用な資料となることから、発達障害を疑われる子どもに多用される。

K-ABC：幼児児童を対象としたカウフマン・アセスメントバッテリー。認知処理能力過程と知識・技能の習得度の2つの側面から知的能力の測定を試みる。

処理の苦手さに応じた課題の例

> **聴覚的刺激の処理が弱い**
> 音弁別が困難な場合
> 課題：似ていない音（FとSなど）から，似た音（DとT）の弁別を意識的に求める。
> 　　※聴覚的刺激の処理が苦手な子どもには，通常の授業でも問題イメージを書いた絵を使うなど，言語指示を減らして視覚的刺激処理に向かうような指示をする。
>
> **聴覚的刺激→視覚的処理が弱い**
> 聴いた言葉と文字の照合が困難な場合
> 課題：聴いたことばを表中からみつけ，指示するよう促す。
> 　　（聴覚→視覚の連合を訓練する）
> 　　※聞き取りに問題がない場合には，通常の授業時にも耳元で学習の手順をささやくなどすると，課題に集中しやすくなる。
>
> **抽象化が理解しにくい**
> 2つ以上のものが共通してもつ特性や次元について，異同判断を行う分類が困難な場合
> 課題：色，形，など，さまざまなカテゴリーからの分類を練習する。
> 　　最終的には自分でカテゴリー問題を作成できるようにする。

学級でのLDの子ども

　LDの子どもは，言葉の発達に遅れや偏りがある，運動や作業での不器用さが目立つ，学習態度が形成されにくい，指示の理解の悪さが目立つ，といった形で目につく。特に知的な遅れは感じられないため，「怠け」「努力不足」とみえてしまうこともある。学力の遅れは，子どもに自信を失わせ，学校への不適応感や，教師の注意に対する過敏な反応にもつながるので，LDであることの早期発見・早期対応は，その子どもの人格形成にも重要である。その子どもに応じた適切な課題の課し方によって，一部でも「できた！」という成功経験を得られるように工夫すること，よい評価を保護者に伝えてわが子のLDの特徴について理解を深めるよう働きかけることが，教師には求められる。

学級でのADHDの子ども

　ADHD（注意欠陥多動性障害）は，不注意優勢型，多動性―衝動性優勢型，両型混合型の3種類がある。一般的にいわれるADHDは，混合型を指す。繰り返しの課題や興味に乏しいものについては，うまく注意を払えず，持続しない。また，ある課題からある課題へ移ることが難しく，不器用にみえる〈不注意〉。教室で目立つのは，「キレやすい」傾向である。注意を集中・持続することが困難なので，すぐに退屈し，イライラする，教師や級友の話に待てずに途中で割り込んだり，他の刺激に目を奪われたりするので教師に注意されやすい。さらに感情のコントロールが難しいので，すぐに怒りを表すといった落ち着きのなさや攻撃的な印象が強く残る〈多動性・衝動性〉。

ADHD 不注意優勢型

ADHD 不注意優勢型は，引っ込み思案で物静かなことが多く，むしろ教室の中ではあまり目立たないことが多い。学級では，空想にひたりがち，机の上が乱雑などだらしない，忘れっぽい，物をなくす，話を最後まで聴いていない・覚えていない，課題を最後までやり遂げることが難しい，というかたちで目につくことが多い。このような特徴があるので，仲間から無視されて孤立したり，無気力にみえたりすることもある。このような子どもたちは，また，多動性―衝動性優勢型より不安感や抑うつ感を抱きやすい傾向をもっている（Lahey & Carlson, 1991）。

ADHDの子どもへの指導ポイント

スケジュールをきちんと

わかりやすい決まった手順なら従えるし，子ども達が自分の行動をコントロールしやすくなる。そこで，スケジュールをきちんと作る，見やすいように掲示する，などすると混乱が少ない。

授業にメリハリを

静かな集中する内容から，動きのある内容に，あるいは講義から共同学習や討議，というように，静・動のメリハリをつける。

教師の口述時間を短く

重要な話は簡潔に繰り返す，実例を用いる，などの工夫を心がける。ADHDの集中持続時間は5分以下，と思うとよい。

授業の流れをスムースに

授業中に配布物が混乱したり，授業が中断しないように，気をつける。教師がADHDの子どもに目を配る時間を維持できるように，授業計画をたてて頭のなかでシミュレートしておくとよい。

ADHDの子どもへの指導

ADHDの子どもは，注意のコントロールが難しいので，窓などの注意を逸らす物の少ない位置，教師の目が常に届く場所に席を定める。教室は整理整頓して余計な刺激を減らす，その一方でルールや日課など必要な事項はカラフルな色をつけるなどおもしろくて，わかりやすいかたちで提示する，というメリハリを意識すると良い。可能なら，動きのある活動と静かに集中する活動を交互に行うといった授業計画も有効である。また，物理的な境界を守れないことが多いので，机の間の距離を少し多めにとる，1つの場所に座っていることが難しい場合には，少し他の生徒から離れて落ち着くスペースへの移動を授業中も認めるなどの工夫が必要となるかもしれない。

学級でのアスペルガー障害の子ども

アスペルガー障害の子どもは，学級では，友達との遊びを避ける，教室で人と接するルールがわからず，会話や想像的遊びに変わった特徴がある，ある特定のものや動作などに強く引きつけられる，絵や文字を書くときやボール遊びのときに不器用さが目立つ，といったかたちで目につくことが多い。

1人の世界でいることに安心を感じて級友との遊びを避けたり，級友と接するなかでうまく気持ちを伝えられずにパニックを起こしたり，友人関係において大きな障害をもつ。このため，いじめの対象となりやすく，いじめの経験から被害的，あるいは攻撃的となる子どもも少なくない。

アスペルガー障害：日本でも広く用いられているアメリカ精神医学会の編集した精神疾患の診断・統計マニュアル DSM-IV-TR の診断基準では，アスペルガー障害とよぶが，一般的にはアスペルガー症候群とよばれることが多い。

アスペルガー障害の子どもへの指導ポイント

わかりやすく
- 指示や課題は，わかりやすく具体的に示す。
  ※たとえば，「歴史上の自分の好きな人物についてレポート」という課題は，たいへん苦痛である。「○○と○○について，それぞれの施策の良いといわれる面と批判された面を解説するレポートを」といった具体性が必要である。
- 注意や叱責も，どうすればよいのか具体的に説明する。
- スケジュールはわかりやすく提示し，見通しと安心感をもたせる。

友達づき合いのルールを示す
- 相手の気持ちを代弁してわかりやすく本人に伝える。
- 簡単できまったやり方を示す（混乱して考える時間が必要なとき，「パスさせて」「一番最後にして」など）。
- 集団への参加を無理に求めないようにする（休み時間は1人でよい，など）。
- ストレス対処法を教える（ぬいぐるみをパンチすることで怒りを表現，教室の一画に一定時間1人きりになるスペース〔避難場所〕を作る，など）。

肯定的に
- 否定的な表現に過剰に反応する場合があるので，「〜はダメ！」ではなく，「〜してからするようにしよう」といったように表現を選ぶ。
- 皮肉めいた冗談はそのまま受け取りがちなので，使わない。

落ち着いた教室環境を
- 掲示物や教材が過剰な視覚的刺激にならないように気をつける。
- 聴覚的刺激にも配慮する（運動会のピストル音にパニックになることも）。

アスペルガー障害の指導

　教師が心がけるべきことは，静かで規律のある学級をつくること，批判よりは誉めることが多い学級をつくること，である。アスペルガー障害の子どもたちは，柔軟性にかけるが，逆に秩序のきちんとある環境では集中して正確に作業を遂行したり，必要な会話をしたり，驚くほどの有能さをしめすことができる。

　状態の良い日には，集中できて規則に従え，級友とも交流ができるが，状態の悪い日は別人のように，自分の世界に没入し，能力も落ちる。学期の休み明けなどは，学校の決まりや手順に再び慣れることに時間がかかる。

　しかし，学級が落ち着き，秩序に慣れてくれば，再び落ち着いてくることを教師は心得て，根気強く待つことが重要である。

教師の指導のあり方

　LD, アスペルガー障害, ADHDといった子どもたちは, 非常に「個性的」な子どもたちである。「変わったヤツだな」と思いながらも級友として受け入れるといった雰囲気が学級にあるかどうかは, 彼らが学校生活をしていくうえで, きわめて重要である。そのような学級の雰囲気づくりこそが, 教師に求められるなによりの特別支援である。

　彼らがもつ独特のルールを「個性」として受けとめ, 級友に受け入れられるようにするためには, 教師が, 彼らの独特のルールにあった指導の考案を楽しみ, 「みんな違って面白い」という態度を学級の子どもたち全員に伝えるよう心がけるべきである。そのためには, 専門家のサポートを最大限利用し, 教師自身が気分転換や休息をとることでエネルギーを高め, その日その日の違いや後退を「こういう日もある」とおおらかに受け止める余裕をもつことが必要である。

8章 学校とあわない子どもたち
■不登校

不登校の現状
不登校の分類
不登校状態は継続しやすい
どの子どもにも起こりうるとの視点
学校での取り組み
心の居場所づくりと社会的自立に向けた支援

不登校児童生徒数の推移（50日以上）

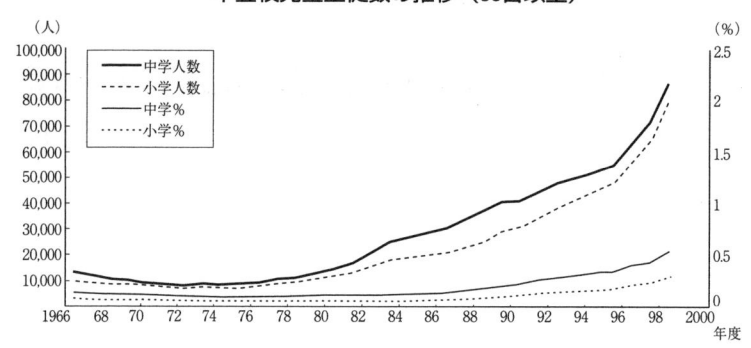

不登校児童生徒数の推移（30日以上）

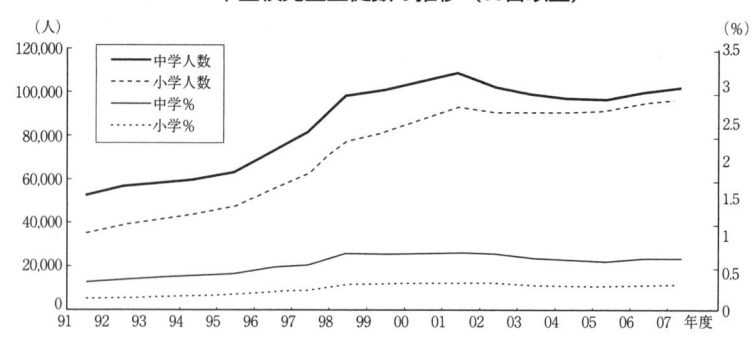

学校ぎらい：文部科学省は毎年「学校基本調査報告書」を出しているが、平成10年度まで年間50日以上の欠席者を長期欠席者として調査していた。その理由の1つが「学校ぎらい」で、これがわが国の不登校の統計として頻繁に引用されてきた（他の理由は「病気」「経済的理由」「その他」）。現在は「不登校」に改められている。

不登校の現状

文部科学省は不登校児童生徒を次のように定義している。「何らかの心理的、情緒的、身体的あるいは社会的要因・背景により、登校しないあるいはしたくともできない状況にあるため年間30日以上欠席した者のうち、病気や経済的な理由による者を除いたもの」。この定義にみられるように、欠席に病気や経済的理由といっただれの目にも明らかな理由をみつけることのできない場合が不登校である。

中学生の不登校が1970年代半ばから増えはじめたことが、文部科学省の**学校ぎらい**の統計から知ることができる。年間30日以上欠席の不登校児童・生徒は2001（平成13）年度まで増加傾向にあり、翌

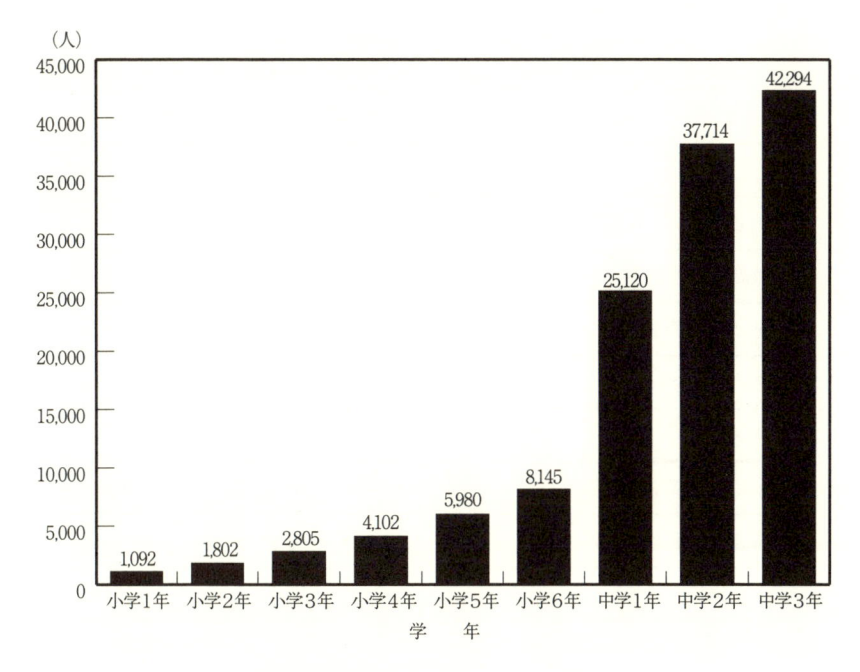

学年別不登校児童生徒数（2007年度）

学年	人数
小学1年	1,092
小学2年	1,802
小学3年	2,805
小学4年	4,102
小学5年	5,980
小学6年	8,145
中学1年	25,120
中学2年	37,714
中学3年	42,294

年度から減少し始めたが，2006（平成18）年度から再び増加に転じた。2007（平成19）年度の不登校の小学生・中学生はそれぞれ2万3926人と10万5328人で，全国の小学生・中学生に占める割合はそれぞれ0.31％と2.91％だった。中学生の約34人に1人が不登校だから，中学校の1クラスに1人の割合で不登校生徒がいることになる。

学年別にみると，学年が上がるにつれ不登校児童生徒が増え，中3で最大となる。とくに小6と中1での差が大きく，いわゆる**中1ギャップ**を確認することができる。性別でみると，不登校児童生徒数に顕著な男女差はみられない。

中1ギャップ：小学生から中学1年生になったとたん，学習や生活の変化になじめず不登校になったり，いじめが急増するという現象。新潟県教育委員会が2004年度まで2年間にわたって行った実態調査にもとづいて，同委員会が名づけた。

不登校状態が継続している理由（2007年度）

区分	小学校（%）	中学校（%）
いじめ	1.0	1.1
いじめを除く他の児童生徒との関係	8.7	14.1
教職員との関係	1.7	0.8
その他の学校生活上の影響	5.2	7.4
あそび・非行	0.9	10.9
無気力	28.1	28.6
不安など情緒的混乱	42.0	33.4
意図的な拒否	6.1	6.6
その他	20.6	9.8

注）複数回答可

登校拒否：かつては教育界では「登校拒否」を，医学界では「不登校」を使う傾向があったが，文部省が1988年度から前者を使うようになったこともあり，今日では教育界でも「不登校」の語を使うのが一般的になった。

優等生の息切れ型：両親の期待が大きく，子どもはよくしつけられた「よい子」として育つ。がんばり続けるがエネルギーが切れるとダウンしてしまう。

不登校の分類

不登校が注目されはじめそれが学校恐怖症や**登校拒否**と呼ばれていたころ，相談機関の関係者らは子どもが示す神経症的な傾向に注目し，怠学（学校に行きたくないから行かない）と区別しようとした。不登校の中核に神経症的登校拒否（学校に行きたい，行かなければならないが行けない）があり，それには「**優等生の息切れ型**」と「**甘やかされ型**」の2タイプがあるとされた（小泉，1973）が，その後の不登校児童生徒の増加により怠学と厳密に区別することが意味をなさなくなり，現在では怠学や意図的な不登校（学校に行く意味が

不登校事例の4タイプ （東京都多摩教育研究所，1994；小林，2002）

耐性欠如

耐性をつける群　耐性欠如群

自分の行動や生活を振り返ったり，逃避せずに問題を直面できるようにする
↓
自己コントロールする力をつけていくように励ます

育てる群　両高群

まず信頼関係を築くことをめざす
そのために，本人の興味のあることを取り上げ，積極的にかかわることでエネルギーを満たす
↓
本人の欲求や気持ちを受けとめ，自己表現を引き出す
↓
耐性がつくよう根気強くかかわる

社会性あり ──────────────────── 非社会的

進路適応をはかる群　両低群

本人が自分自身や自分の置かれている状況をとらえられるように，共に問題点を整理する
↓
再度，前向きに行動できるように援助する

気持ちの解放をはかる群　非社会群

本人の不安や緊張を和らげ，受容的に話を聞く
本人のペースを尊重する
↓
抑えていた気持ちを表現できるようにし，少しずつ主体的に行動できるように支えていく

耐性あり

みいだせないから行かない）も含めて「不登校」と呼んでいる。

　文部科学省の調査では不登校児童生徒について在籍する学校に「不登校状態が継続している理由」を尋ねている。この調査項目は一種のタイプ分けと考えられる。小学校・中学校ともに「不安など情緒的混乱」「無気力」が多いが，「その他」への回答も多いことから，現在の不登校が多様で分類しがたいことが伺える。

　東京都多摩教育研究所は不登校事例を「耐性欠如」と「非社会性」の2側面から4タイプに分類した。この分類からは具体的にどう対応したらよいかヒントを得ることができる。

甘やかされ型：両親から過保護に育てられ内弁慶，わがままな性格になり，困難なことに耐える力がついていないため学校を休むようになる。

高等学校の学科・課程・学年別不登校生徒数（2007年度）

	全日制普通科		全日制専門学科		全日制総合学科		定時制	
	不登校生徒数	%	不登校生徒数	%	不登校生徒数	%	不登校生徒数	%
1年生	11,712	1.5	4,312	1.7	378	2.1	2,472	12.5
2年生	9,474	1.3	3,288	1.3	330	2.1	1,266	8.2
3年生	5,882	0.8	1,654	0.7	205	1.4	845	5.8
4年生	0	0.0	0	0.0	0	0.0	364	3.6
単位制	1,574	1.7	176	1.9	1,452	1.5	7,657	15.9
計	28,642	1.2	9,430	1.2	2,365	1.7	12,604	11.6

（注）％は，全生徒数に占める不登校生徒数の割合

中学卒業後のキャリア推移のパターン（現代教育研究会，2001；小林，2003）

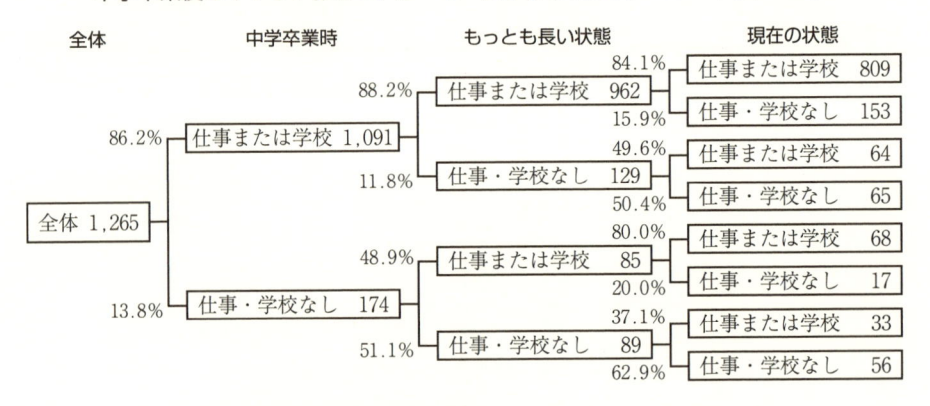

全体 1,265
- 86.2% 仕事または学校 1,091
  - 88.2% 仕事または学校 962
    - 84.1% 仕事または学校 809
    - 15.9% 仕事・学校なし 153
  - 11.8% 仕事・学校なし 129
    - 49.6% 仕事または学校 64
    - 50.4% 仕事・学校なし 65
- 13.8% 仕事・学校なし 174
  - 48.9% 仕事または学校 85
    - 80.0% 仕事または学校 68
    - 20.0% 仕事・学校なし 17
  - 51.1% 仕事・学校なし 89
    - 37.1% 仕事または学校 33
    - 62.9% 仕事・学校なし 56

（全体／中学卒業時／もっとも長い状態／現在の状態）

不登校状態は継続しやすい

　文部科学省の調査によると，学校の指導の結果登校するようになった子どもは小学校・中学校ともに約3割である。各学年とも3～6割の児童生徒が不登校状態を前年度から継続していた。同調査によると高等学校では定時制と単位制で不登校生徒が多く，両者が中学卒業後の多くの不登校生徒の受け皿になっているようである。
　1993（平成5）年度に不登校だった中学3年生が20歳になった時点で行われた調査では，不登校状態が維持されやすいことが示された。ある時点で「仕事あるいは学校」に所属していた者は次の段階でも8～9割が同状態だったのに対し，ある時点で「仕事・学校なし」の者は次の段階でも5～6割が同状態だった。

文部科学省における不登校に対するとらえ方の変化

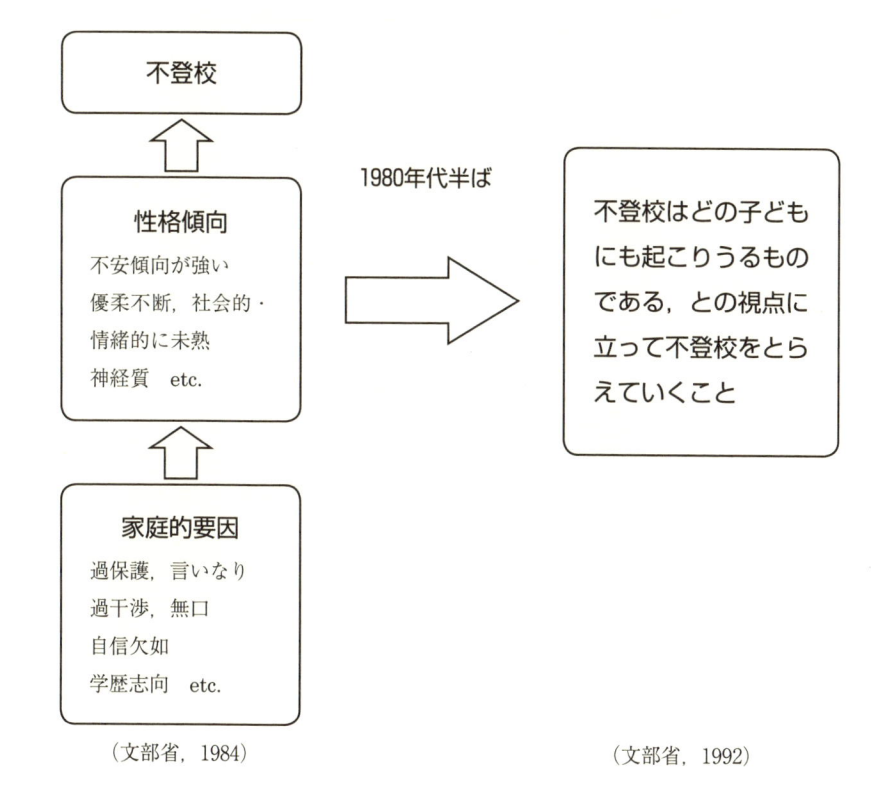

不登校

↑

性格傾向
不安傾向が強い
優柔不断、社会的・情緒的に未熟
神経質　etc.

↑

家庭的要因
過保護、言いなり
過干渉、無口
自信欠如
学歴志向　etc.

（文部省, 1984）

1980年代半ば　⇒　不登校はどの子どもにも起こりうるものである、との視点に立って不登校をとらえていくこと

（文部省, 1992）

どの子どもにも起こりうるとの視点

　不登校は子どもと学校とのミスマッチによって起こる（小林, 2003）。その原因や背景はさまざまだが、かつては不登校になりやすい性格傾向があるとされ、それは家庭によって形成されると考えられていた。ところが時代とともにこの考え方は実態と合わなくなり、文部科学省（当時文部省）は「不登校はどの子どもにも起こりうる」と認識を改めた。

　文部科学省は1980年代半ばを境に、不登校だけでなく非行も含めた児童生徒の問題行動についての認識を、「特別な子が問題を起こす」から「ふつうの子が問題を起こす」に改めたことが指摘されている（鈴木, 2006）。

不登校児童生徒用個別支援票（小林・小野，2005）

学校での取り組み

　文部科学省の調査によると，不登校児童生徒の再登校のためにとくに効果のあった取り組みは，学校数の多い順に「家庭訪問を行い，学業や生活面での相談に乗るなどさまざまな指導・援助を行った」「登校を促すため，電話をかけたり迎えに行くなどした」「保護者の協力を求めて，家族関係や家庭生活の改善を行った」であった。

　不登校の予防のために教師が果たす役割は大きい。一次予防には学級経営，学業の援助，良好な師弟関係があげられる。早期発見，早期対応である二次予防には，子どものサインに気づく（4章参照），欠席が基準を超えたらすぐに子どもや保護者と連絡をとるなどがあげられる。

　市をあげて不登校半減に取り組んだ例では，月3日以上の欠席の

小中連携申し送り個票（小林・小野, 2005）

把握，紙上コンサルテーション，**小中連携**が行われた（小林・小野, 2005）。個別支援票はチェック項目と自由記述欄から構成され，後者を書くことが担任・スクールカウンセラー・校長が話し合う機会になるよう工夫されていた。個別支援票の情報をもとにコンサルタントが紙上でコンサルテーションを行った。小中連携では，市内の全小6児童のなかから不登校等の基準にあてはまる子どもについて申し送り個票が作成され，進学する中学校へ送付された。4月には各中学校へコンサルタント（紙上コンサルテーション担当とは別人）が出かけてコンサルテーションを行った。

生徒指導資料第2集『不登校への対応と学校の取組について—小学校・中学校編』には，学校での他のさまざまな取り組みが紹介されている。

小中連携：文字通り小学校と中学校が連携すること。中1ギャップの解消のために期待されている。

文部科学省における不登校への対応

1992年　学校不適応対策調査研究協力者会議報告　登校拒否（不登校）問題について——児童生徒の「心の居場所」づくりを目指して
- どの子どもにも起こりうるものである，との視点に立つ
- 学校が児童生徒にとって自己の存在感を実感でき精神的に安心していることのできる場所—「心の居場所」—としての役割を果たすこと
- 学校以外にさまざまな適応指導の機会や場を設けること

2003年　不登校問題に関する調査研究協力者会議報告　今後の不登校への対応の在り方について
- LD，ADHD，児童虐待等との関連の指摘
- 不登校の解決の目標は，児童生徒が将来的に精神的にも経済的にも自立し，豊かな人生を送れるよう，その社会的自立に向けて支援すること
- 児童生徒に働きかけること，かかわりをもつこと，家庭を支援することの重要性の再確認

2008年　現在の文部科学省の不登校に対する主な施策
- 教育支援センター（適応指導教室）の整備
- スクーリング・サポート・ネットワーク整備事業（SSN）
- 不登校への対応におけるNPO等の活用に関する実践研究事業
- 出席扱いについての措置
- 中卒認定試験における受験資格の拡大および高校入試における配慮
- 不登校児童生徒を対象とする学校に係る教育課程の弾力化

不登校児童生徒のための小中一貫校の
八王子市立高尾山学園
（同学園ホームページより）

心の居場所づくりと社会的自立に向けた支援

文部科学省は有識者による二度の会議報告にもとづいて不登校への対応の方針を定めている。報告の要点と文部科学省の主な施策は上の通りで，これまで**教育支援センター（適応指導教室）**の設置の推進や民間施設についてのガイドラインの提案，児童生徒が学校外の機関で指導を受ける場合の指導要録上の「出席扱い」の措置などがされてきた。2004年からは不登校生徒を対象として特別な教育課程を編成した学校が認められている。

教育支援センター（適応指導教室）：不登校児童生徒の学校復帰のために教育委員会が設置する機関。当初「適応指導教室」と呼ばれ，1992年の報告で「心の居場所」として期待された。

9章　友達のあいだで
■いじめと孤立

いじめとは
いじめの手口
いじめが起きている集団の構造
いじめられっ子の対処
子どもたちの規範意識
いじめへの取り組み

いじめに起因する事件における少年の検挙・補導状況の推移（平成20年度版青少年白書）

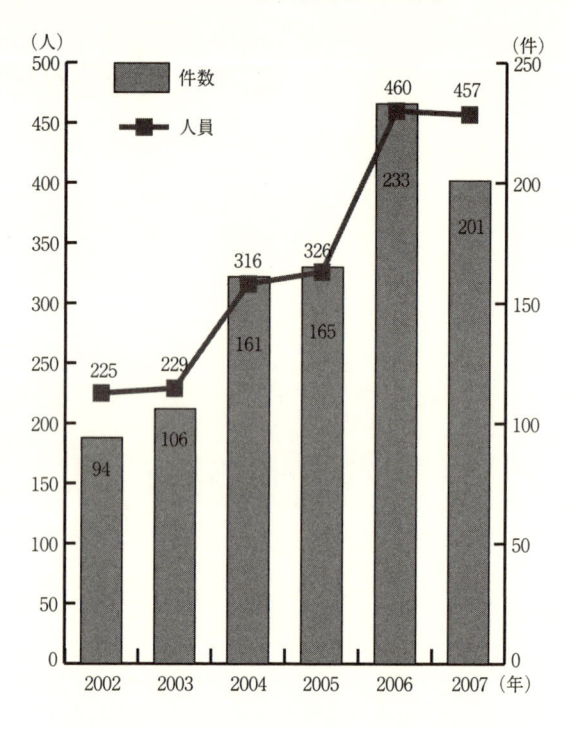

年	件数	人員
2002	94	225
2003	106	229
2004	316	161
2005	326	165
2006	460	233
2007	457	201

いじめとは

　力の強い者が弱い者をいじめることは，子どもたちの世界では昔からあり，「いじめ」は人間の集まる集団にはほぼ普遍的に認められる現象とも言われている。しかし最近では，いじめが関連した自殺や殺人事件などが起きており，いじめを子どもの世界のことと見過ごせない現実がある。文部科学省は，いじめを「当該児童生徒が，一定の人間関係のある者から，心理的，物理的な攻撃を受けたことにより，精神的な苦痛を感じているもの」と定義している。他の定義でも共通して，集団のアンバランスな力関係のなかで被害が起こっている点に注目している。また「いじめ」は，被害者の主観的世界に基礎をおくという点に特徴があり，それが被害者と加害者の

いじめの認知（発生）学校数・認知（発生）件数（国公私立学校）の推移
（平成20年度版青少年白書）

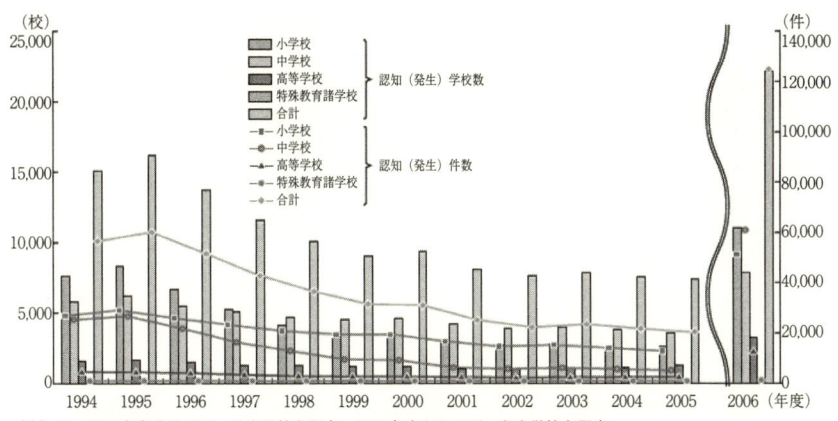

(注) 1　2005年度までは，公立学校を調査。2006年度からは国・私立学校も調査。
　　 2　2006年何度に調査方法等を見直している。
　　 3　2005年度まではいじめの発生学校数，発生件数，2006年度からはいじめの認知学校数，認知件数。

いじめの経験率（森田・清永，1994）

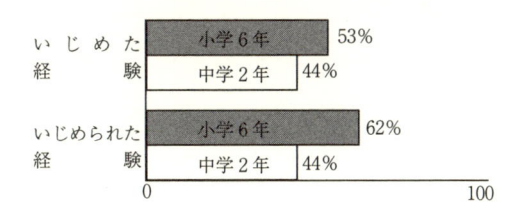

いじめた経験　小学6年　53％
　　　　　　　中学2年　44％
いじめられた経験　小学6年　62％
　　　　　　　　　中学2年　44％

認知のズレや周囲からの見えにくさにもつながっている。

　2006年度間に認知されたいじめは上の図のとおりで，中学校でもっとも多く，さらに詳しく見ると，小学校では学年進行とともに増加し，中学1年でもっとも多くなり，その後は学年が進むにつれて減少している。また，これまで，いじめたり，いじめられたりしたというかたちで直接いじめにかかわったことのある子どもの比率を調べた調査によると，小学6年生で77％，中学2年生で62％を占めている。これをいじめた経験といじめられた経験とに分けたものが下の図で，以上から，子どもたちのいじめへの接触率は高く，いじめが一般化していることがわかる。

深刻ないじめの手口（森田他，1999）

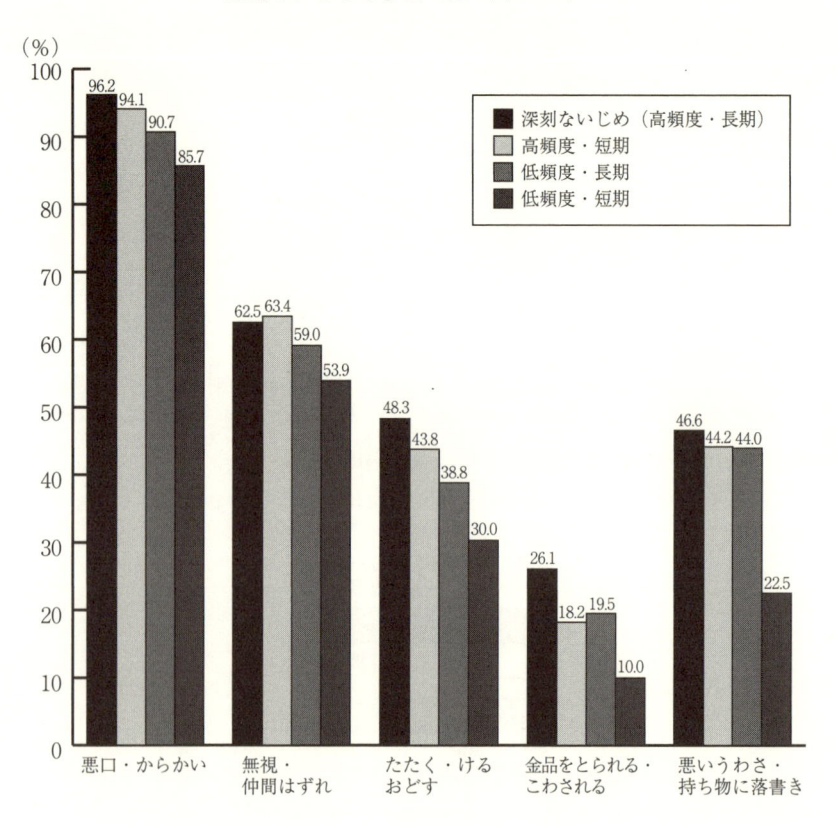

凡例：
- 深刻ないじめ（高頻度・長期）
- 高頻度・短期
- 低頻度・長期
- 低頻度・短期

手口	深刻ないじめ	高頻度・短期	低頻度・長期	低頻度・短期
悪口・からかい	96.2	94.1	90.7	85.7
無視・仲間はずれ	62.5	63.4	59.0	53.9
たたく・ける・おどす	48.3	43.8	38.8	30.0
金品をとられる・こわされる	26.1	18.2	19.5	10.0
悪いうわさ・持ち物に落書き	46.6	44.2	44.0	22.5

いじめの手口

　いじめの手口を，いじめの期間や頻度別にまとめたものが図である。「金品をとられたり，こわされる」「悪いうわさ・持ち物に落書き」といった犯罪性の高い手口によるいじめは，深刻ないじめ経験者に高い割合でみられる。また，男子では，「たたく，ける，おどす」といった手口でのいじめを経験する率が深刻ないじめ経験者で高くなっている。また，学校段階別でみると表のように，パソコンや携帯電話等を通しての誹謗中傷といった手口は高校生に多くみられ，いじめの手口には性別，年齢による違いがみられる。

いじめの様態（平成20年度版青少年白書）

区分	小学校 件数（件）	小学校 構成比（%）	中学校 件数（件）	中学校 構成比（%）	高等学校 件数（件）	高等学校 構成比（%）	特殊教育諸学校 件数（件）	特殊教育諸学校 構成比（%）	計 件数（件）	計 構成比（%）
冷やかしやからかい，悪口や脅し文句，嫌なことを言われる。	41,326	67.9	34,302	66.9	6,967	56.6	249	64.8	82,844	66.3
仲間はずれ，集団による無視をされる。	16,690	27.4	12,488	24.3	2,416	19.6	73	19.0	31,667	25.4
軽くぶつかられたり，遊ぶふりをして叩かれたり，蹴られたりする。	11,715	19.2	8,822	17.2	2,164	17.6	90	23.4	22,791	18.2
ひどくぶつかられたり，叩かれたり，蹴られたりする。	2,419	4.0	2,732	5.3	955	7.8	20	5.2	6,126	4.9
金品をたかられる。	949	1.6	1,359	2.6	638	5.2	13	3.4	2,959	2.4
金品を隠されたり，盗まれたり，壊されたり，捨てられたりする。	4,036	6.6	4,021	7.8	1,029	8.4	27	7.0	9,113	7.3
嫌なことや恥ずかしいこと，危険なことをされたり，させられたりする。	3,199	5.3	2,560	5.0	967	7.9	31	8.1	6,757	5.4
パソコンや携帯電話等で，誹謗中傷や嫌なことをされる。	466	0.8	2,691	5.2	1,699	13.8	27	7.0	4,883	3.9
その他	2,460	4.0	1,675	3.3	851	6.9	24	6.3	5,010	4.0

（注） 1 「いじめの態様」について，2006（平成18）年度間の調査より，昨今の状況などもふまえて整理を行った。
　　　 2 2006（平成18）年度から国公私立学校を調査。
　　　 3 複数回答。

　いじめの被害が精神的であるか，身体的・物理的であるかによって，精神的いじめと物理的いじめに分けられる。「悪口・からかい」といった精神的いじめは，可視性は高いが見過ごされてしまうことも多い。一方，「たたく，ける，おどす」「金品を取られたり，こわされる」といった物理的いじめは，人目の少ないところで行われたり，悪ふざけなどに偽装されて行われることも多いため可視性が低く，なかには犯罪性の高い手口も含まれる。いじめを放置しておくと，いじめは精神的いじめから物理的いじめ，そして犯罪性の高い手口へと移っていく傾向があるので注意が必要である。

いじめが起きている集団の構造

　いじめが起きている集団では，いじめっ子といじめられっ子を中心に，彼らをとりまく周囲の子どもたちも集団の力関係のなかでさまざまな役割を担っている。それをまとめたものが図で，いじめ集団は，「被害者」「加害者」「観衆」「傍観者」という4つの立場に分けられる。「観衆」は，周りではやし立てて見ている存在で，いじめっ子にとっては，「いじめ」を是認してくれる力となる。これに対して「傍観者」は，いじめを知りながらも知らない振りをしているグループで，彼らがいじめっ子の行為に対して，軽蔑，冷笑などの態度をとったならばいじめを阻止する反作用力となりうるが，た

いじめ集団の構造 （森田他, 1999）

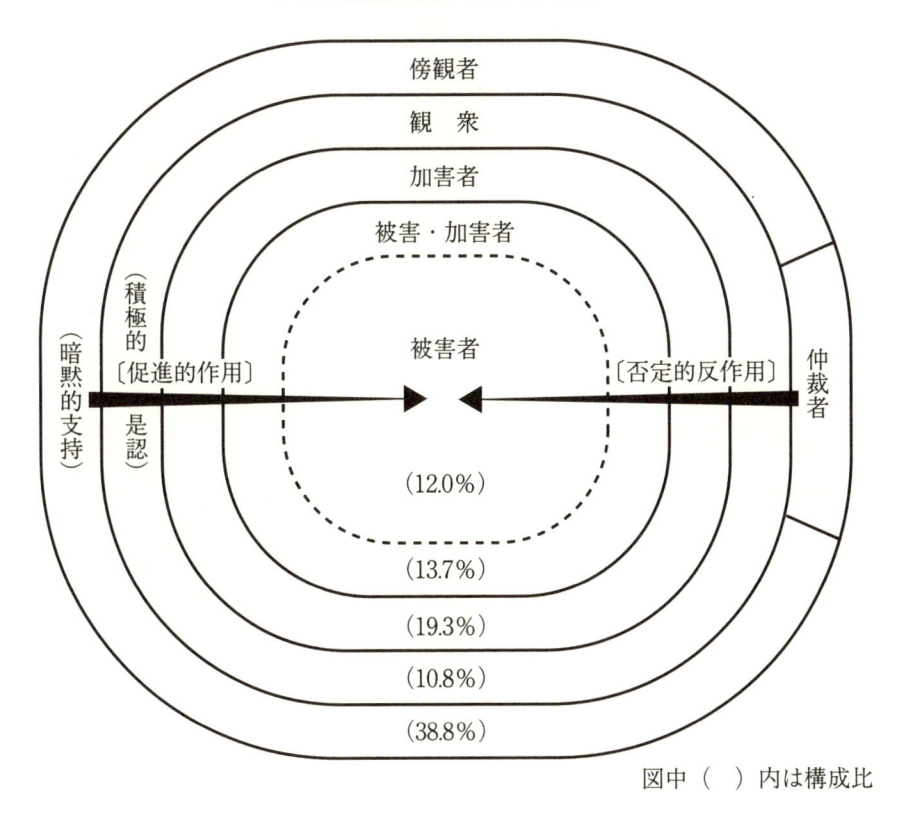

```
              傍観者
              観　衆
              加害者
            被害・加害者
              被害者
             (12.0%)
             (13.7%)
             (19.3%)
             (10.8%)
             (38.8%)
```

（暗黙的支持）　（積極的是認）〔促進的作用〕　→　←　〔否定的反作用〕　仲裁者

図中（　）内は構成比

いていは，被害者になることを恐れて見て見ぬ振りをしていることが多いため，実際には抑止力にはなりえない。また，ときにはこのなかから「仲裁者」が現れる場合があるが，彼らも逆にいじめのターゲットになってしまう恐れがあり微妙な立場である。

「被害者」と「加害者」のあいだにいじめられた経験といじめた経験と両方をもつ「被害・加害者」が存在し，これは立場の入れ替わりが起きていることを示している。この3グループをあわせると45％に達し，以上から，いじめが起きればクラスの多くをまき込んで，傷つき，傷つけあう様相が伺える。

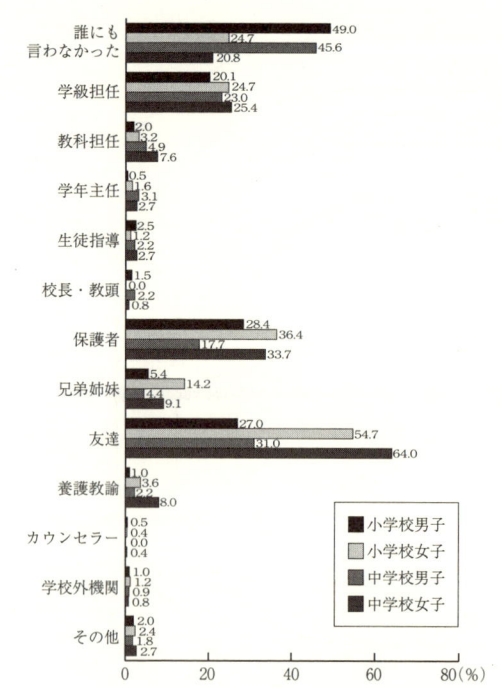

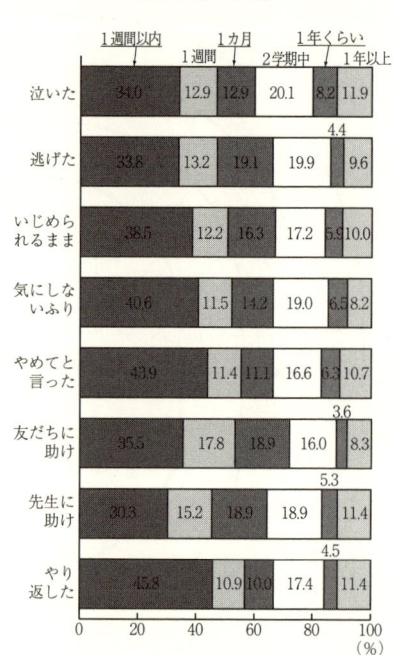

いじめられっ子の対処

いじめを経験した子どもたちが誰に話したかをまとめたのが左の図で，主に友達，保護者，学級担任に話していることがわかる。女子では，友達にもっとも相談しているのに対し，男子では，半数近くのものが誰にも話していない。また，話した相手にいじめを止めてほしいと思っているかを調べてみると，「友達」と「学級担任」では高く，これらの人に話す場合には子どもがSOSを発信していると受けとめるべきだろう。これに対して，「保護者」には話は聞いてもらいたいが，実際にいじめに介入することは期待していないことが多い。また，いじめられたときの行動がその後のいじめにどう影響するかをみてみると，右の図のように，「やり返した」「やめてと言った」というように積極的にいじめに抵抗したほうが，いじめの継続期間は短い。

「いじめ」に対する価値判断 （森田・清永, 1994)

		少しぐらいはあった方がよい（積極的肯定）	大したことはない（消極的肯定）	理由によっては必ずしも悪くない（条件つき容認）	絶対許してはいけない（絶対的否定）	わからない（態度保留）	計
小学生	男	7.7	14.3	27.2	26.8	23.9	100.0
	女	5.0	10.8	31.4	20.8	31.9	100.0
	計	6.5	12.7	29.2	24.0	27.7	100.0
中学生	男	7.5	20.4	31.0	24.2	16.9	100.0
	女	3.9	12.9	39.1	16.5	27.7	100.0
	計	5.8	16.9	34.8	20.6	21.9	100.0
全体		6.1	14.9	32.1	22.2	24.7	100.0

いじめ項目への価値判断 （森田・清永, 1994)

項目 \ 反応のパターン	悪い おもしろくない	悪い おもしろい	悪くない おもしろくない	悪くない おもしろい
友だちをからかう	56.6	33.6	1.1	8.7
人の持ち物をかくす	77.0	20.2	0.5	2.3

子どもたちの規範意識

　子どもたちはいじめをどのようにみているのだろうか。いじめの手口も含めた具体的な逸脱行動について，悪いと思うかどうかを聞いてみると，大部分の子どもはこれらの行為は悪いと判断している。そこで，「いじめ」という言葉で一般化して尋ねてみると，上の表のようにいじめに否定的な者は22.2％で，「いじめ」自体が悪いことで許される行為ではないという意識が十分確立していないことがわかる。また，いじめで用いられる手口をおもしろいと思うかどうかを調べてみると，下の表のように，からかったり，持ち物を隠すことを「悪い」と判断する一方で，「おもしろい」と思っている子が少なくない。この「おもしろさ」の部分が，子どもたちのあいまいな**規範意識**をさらに弱体化させているとも考えられる。

規範意識：道徳，倫理，法律等の社会のルールを守ろうとする意識。

いじめ克服の4要点（森田・清永，1994）

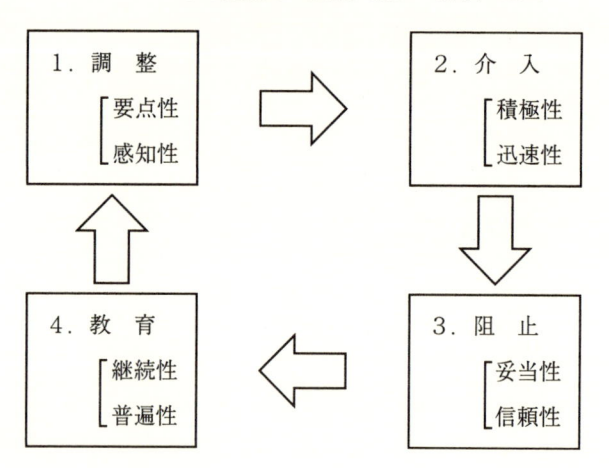

```
┌─────────────┐        ┌─────────────┐
│ 1. 調 整    │   ⇒    │ 2. 介 入    │
│  ┌要点性┐  │        │  ┌積極性┐  │
│  └感知性┘  │        │  └迅速性┘  │
└─────────────┘        └─────────────┘
       ⇑                      ⇓
┌─────────────┐        ┌─────────────┐
│ 4. 教 育    │   ⇐    │ 3. 阻 止    │
│  ┌継続性┐  │        │  ┌妥当性┐  │
│  └普遍性┘  │        │  └信頼性┘  │
└─────────────┘        └─────────────┘
```

私事化：関心が私的な領域へと集中する社会意識の傾向を意味し，行き過ぎると，自己中心的な欲求の満足に走ったり，他者に対する無関心につながる。

ロールプレイ：模擬的な場面を設定して，そのなかで役割を自由に演じさせることにより，より適切な対人行動を学習させる心理療法の技法。

アサーション・トレーニング：自分や相手の人権を尊重したうえで，自分の意見や気持ちをその場に適切な言い方で自己表現するための方法。

いじめへの取り組み

今日子どもたちの間で起きているいじめは，**私事化社会の反映**ともいわれている。いじめをなくすためには，子どもたちにいじめは絶対許されるものではないという規範意識を育てるとともに，いじめの歯止めとなる抑止力を個人や集団のなかに育てていくことが重要であろう。これには，親をはじめとするおとなが自ら手本となって望ましい行動を示したり，**ロールプレイ**を用いて子どもたちに共感性を育てることも考えられる。また，**アサーション・トレーニング**を用いて，相手を尊重する事や悪いことは悪いと声を上げる態度とスキルを育成することで，被害者自身がいじめに立ち向かったり，集団のなかで傍観者を抑止力として機能させるような指導も考えられる。また，学級でいじめが感知された場合は，図のように教師は仲間関係の調整を行い，必要ならば積極的に介入し，悪質である場合には阻止し，いじめに対する教育を継続していることが大切である。

10章　心が身体に影響する
■神経症・心身症

つながっている心と身体
心身症と神経症とはどのようなもの
欲求が阻止されると……
心身症や神経症の背景にあるものは
心身症や神経症を診断する
心身症はさまざまな疾患の総称である
神経症の症状は多様である
カウンセリングと心理療法
心理療法の形態と心理療法の種類

つながっている心と身体

"あがる"の現象

① 身体面
　心臓の鼓動が早くなる、頭に血がのぼった感じ、表情がこわばる、全身の筋肉がこわばる、手が震える、口の中が乾く、尿意、排尿が頻繁になる。

② 精神面
　落ち着かない、集中できなくなる、周囲の音が気になる、視野が狭くなる、意識がぼんやりする。

③ 行動面
　同じ行為をなんども繰り返す、反応が遅れる、動作がぎこちなくなる、うまく話せなくなる。

"あがる"ことを誘発する原因と意識現象

A．背景因：心理性格的要因
　① 恥ずかしがり、社会的内向性のタイプ
　② 空想的、主観的傾向の強いタイプ
　③ 心配性、取り越し苦労、神経質傾向の強いタイプ
　④ 経験頻度と失敗体験

B．直接因：環境要因
　①「場」の雰囲気（会場の広さ、人の数など）
　② 他者の情報
　③ 周囲の期待
　④ 設定された時間や時間制限
　⑤ 順番効果
　⑥ その他（予想外の質問や指摘など）

C．意識面の特徴
　① 不安
　　・漠然とした不安……発表や試験が近づくにつれ、落ち着かなくなる
　　・予期不安（失敗恐怖）……失敗するのではないかという不安や恐怖
　② 自意識過剰
　　・自意識過剰……注目されている意識、いいところ見せようと考える
　　・責任感過剰……「ここでうまく決めなければ」という責任感
　③ 劣等感・羞恥心
　　・劣等意識……「自分が劣っている」という意識
　　・羞恥心・自信喪失……周囲の目を意識し、恥ずかしいと考える
　④ 注意の過度の内面化……生理的・身体的変化に注意が向き過ぎる

つながっている心と身体

　人はなぜ"あがる"のだろう。試験を受けるときや試合の前など、過度に緊張が高まってしまい、思うような力が発揮できないことがある。こうした状態は「あがってしまった」などと表現される。"あがる"現象は心に生じた変化にもかかわらず、身体にも動悸が速くなるなどの特有の変化が生じる。また、動作がぎこちなくなるなど、思うように行動できない現象もあらわれる。このように"あがった"状態をみても、私たちの心と身体は密接に結びついていることがわかる。心に起きたことが、身体や行動にどのような影響を及ぼすのかを考えてみよう。

疾患の原因と症状と診断名の関係 （山下，2002の図を一部改変）

		了解可能な心身症状		了解困難な症状		脳器質症状	
		身体的	精神的	感情変化	妄想幻覚	意識障害	知能低下
主に心因	心身症	もっとも特徴的					
	神経症	しばしばみられる	もっとも特徴的				
主に内因	気分障害	時折みられる	しばしばみられる	もっとも特徴的			
	統合失調症		時折みられる	しばしばみられる	もっとも特徴的		
主に器質因	急性障害			時折みられる	しばしばみられる	もっとも特徴的	
	慢性障害				時折みられる	しばしばみられる	もっとも特徴的

■ もっとも特徴的　■ しばしばみられる　■ 時折みられる

心身症と神経症とはどのようなもの

　さまざまな心理社会的要因（心因）によって，病気になることがある。身体症状が出現する場合は心身症と診断され，精神症状が出現する場合は神経症と診断されるが，厳密に分けることは難しい。心身症や神経症という診断名は，WHOの国際疾病分類（ICD-10）やアメリカ精神医学会の精神障害の分類診断基準（DSM-Ⅳ-TR）では用いられていないが，日本では，臨床的に有用なこれらの概念を残していくべきであるという意見も多く，現在も用いられているので，正しく理解することが大切である。

欲求が阻止されると──心身症や神経症の発症過程

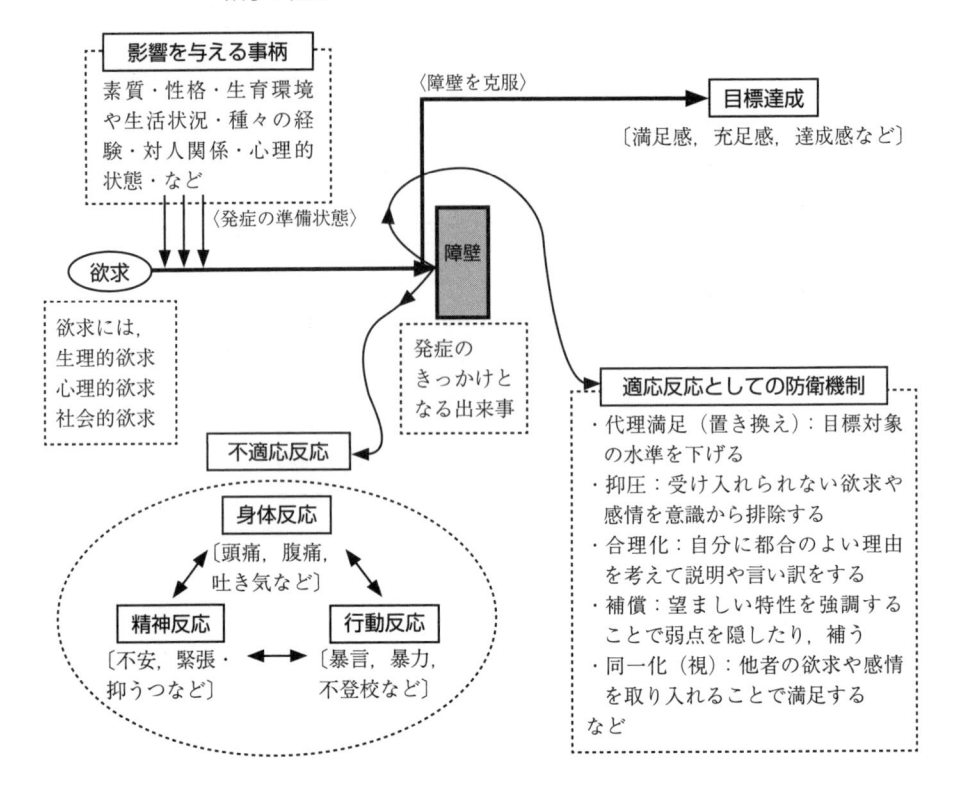

影響を与える事柄
素質・性格・生育環境や生活状況・種々の経験・対人関係・心理的状態・など

〈発症の準備状態〉

欲求
欲求には，
生理的欲求
心理的欲求
社会的欲求

〈障壁を克服〉 → **目標達成**
〔満足感，充足感，達成感など〕

障壁

発症のきっかけとなる出来事

不適応反応

身体反応
〔頭痛，腹痛，吐き気など〕

精神反応
〔不安，緊張・抑うつなど〕

行動反応
〔暴言，暴力，不登校など〕

適応反応としての防衛機制
・代理満足（置き換え）：目標対象の水準を下げる
・抑圧：受け入れられない欲求や感情を意識から排除する
・合理化：自分に都合のよい理由を考えて説明や言い訳をする
・補償：望ましい特性を強調することで弱点を隠したり，補う
・同一化（視）：他者の欲求や感情を取り入れることで満足する
など

欲求が阻止されると……

人はさまざまな欲求をもっている。それらは生理的欲求，心理的欲求，社会的欲求に分類される。欲求が満たされると満足感や充実感または達成感を感じる（①障壁を克服する）。しかし日常生活のなかでは，欲求がすぐに満たされることは少ない。そこで②適応反応としての防衛機制（代理満足〔置き換え〕，抑圧，合理化など）が働く。しかし欲求の達成を障壁に阻まれることによって，不安・緊張が高まって，③不適応反応ともいえる心身症状（心身症や神経症）が出現したり，日常行動に問題が生じる（問題行動）こともある。こうした障壁の存在は，心身症や神経症を引き起こすきっかけになることがある。

心身症や神経症の背景にあるさまざまな心理社会的要因

- 両親の不仲
- 学業成績の不振
- 受験に対する不安
- 親子関係
- 学校でのいじめ
- 友人との関係
- 部活におけるトラブル
- 経済的不安
- ガールフレンドとのトラブル
- 将来に対する不安

心身症や神経症の背景にあるものは

　心身症や神経症の背景には，欲求が阻止されることのみならず，他のさまざまな心理社会的要因が関与している。それらの要因が個人の処理能力を超えるものであったり，あるいは一定期間継続して加わったりすると，それが誘因（引き金）となって，心身機能のバランスが崩れ心身症や神経症を発症することがある。

　心理社会的要因が心身にどのくらい影響を与えるかは，その内容，強さや持続期間，個人の素因や性格，生活環境や生活経験などによって異なる。

心身症や神経症を診断する

- 困っている心身症状の内容
  症状の発症時の状況や持続
  症状に対する理解
  治療意欲
  　　など

- 身体的な検査

- これまでの生育歴
  現在の生活状況
  家族や親子関係
  友人関係や学校生活
  　　など

- 心理検査
  （性格検査）
  知的水準
  心理状態
  性格特徴
  問題解決能力
  対人関係能力
  社会適応能力
  　　など

- 行動観察
  行動の特徴
  行動パターン
  　　など

心身症や神経症を診断する

　心身症や神経症が疑われるときは，医学的検査だけでなく，心理学的な観点からの診断も大切である。心理社会的要因を探る方法としては，心理面接，心理検査（性格検査），行動観察などが用いられ，生育歴や現在の生活状況，家族や友人との対人関係，性格，行動特徴など必要な情報が集められる。診断は，身体症状やその出現および増強に心理社会的要因がどのようにかかわっているかを考え合わせ，心身両面からの情報を総合的に判断して行われる。

臓器別の代表的な心身症

呼吸器系：気管支喘息，過換気症候群，神経性咳嗽など

心臓血管系：本態性高血圧症，本態性低血圧症，冠動脈疾患，血管運動性疾患など

消化器系：嚥下障害，呑気症，消化性潰瘍，心因性嘔吐，過敏性腸症候群など

内分泌・代謝機能系：肥満症，糖尿病，摂食障害，心因性多飲症，甲状腺機能障害など

神経・筋肉・骨格系：筋収縮性頭痛，チック，書痙，痙性斜頸，自律神経失調症，腰痛症，筋痛症など

皮膚科系：ジンマシン，円形脱毛症など

眼・耳鼻咽喉系：眼性疲労，眼瞼下垂，耳鳴，嗄声，吃音など

腎臓・泌尿器系：夜尿症，神経性頻尿，心因性尿閉など

産婦人科系：生理不順，月経困難症など

歯科・口腔外科系：顎関節症など

発達段階ごとの代表的な心身症

小児期：夜驚症，夜尿，周期性嘔吐，気管支喘息，反復性腹痛，チック，心因性発熱，抜毛症など

思春期：起立性調節障害，筋緊張性頭痛，過敏性腸症候群，神経性頻尿，気管支喘息，摂食障害など

成人：気管支喘息，本態性高血圧，糖尿病，筋緊張性頭痛，過敏性腸症候群，書痙，痙性斜頸，自律神経失調症など

心身症はさまざまな疾患の総称である

　心身症とは，身体的な症状を有するさまざまな疾患の総称である。日本心身医学会（1991）では「心身症とは，身体疾患のなかで，その発症や経過に心理社会的因子が密接に関与し，器質的ないし機能的障害の認められる病態をいう。ただし神経症やうつ病など他の精神障害にともなう身体症状は除外する」と定義している。

　心身症は，各発達段階ごとに特有な疾患や，その出現頻度が異なる疾患もある。ひとは年齢や心身の発達状態に個人差があり，生活環境も異なるとかかりやすい病気にも違いが出るということである。社会経験の質や量の違いなども影響すると考えられる。

代表的な神経症

不安神経症
　漠然とした不安, 予期不安, 激しい不安発作を主症状とし, 不安の生理的表出または随伴現象としての動悸, 呼吸困難, 息苦しさ, 手掌発汗, ふるえなどの症状が出現することもある。

恐怖症
　一般には危険でも脅威でもない特定の対象や場面などに対して, 不釣り合いな恐れを感じる状態。人前に出るのが怖い, 狭い空間に入るのが怖い, 人の視線が気になる, 尖った先端が気になることもある。

強迫神経症
　自分では, 非現実的でばからしい, 不合理だと思うような考えや行動を繰り返さずにはいられない状態。鍵を掛けたかどうか何度も確認する, 手が汚れていると繰り返し手洗いをすることもある。

心気神経症
　医学的な検査では, 異常が認められないにもかかわらず, 心身のささいな変化や不調にこだわって, 重い病気ではないかと恐れる状態。

抑うつ神経症
　うつ病と異なり不安症状が強く, 対象喪失(両親, 恋人, 友人など)による混乱から憂うつ, 悲哀, 興味の喪失, 不眠, 食欲低下などの心身の症状がみられる状態。

神経症の症状は多様である

　神経症は, 心理社会的要因(心因)に伴う臨床的症状のうち, 精神症状が出現する場合に診断される。神経症の症状は心身症と異なり, 基本的には器質的な変化を伴わない機能的な障害である。また神経症には, 特有の性格特徴が認められることが多い。

　神経症の症状は多様であり, 症状に特有な状態像によって, 不安神経症, 恐怖症, 強迫神経症, 心気神経症, 抑うつ神経症などと診断される。最近では, 不安(anxiety)や恐怖(fear)が中核にある症状として, 不安神経症と恐怖症と分けずに不安障害(Anxiety Disorder)といわれることもある。

心理的援助技法：カウンセリングと心理療法の定義

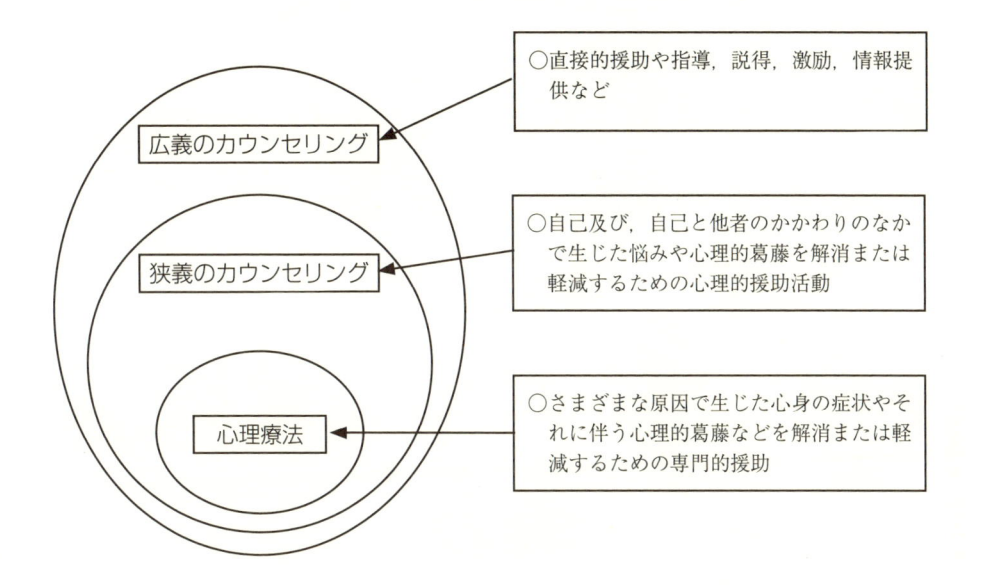

- 広義のカウンセリング ○直接的援助や指導，説得，激励，情報提供など
- 狭義のカウンセリング ○自己及び，自己と他者のかかわりのなかで生じた悩みや心理的葛藤を解消または軽減するための心理的援助活動
- 心理療法 ○さまざまな原因で生じた心身の症状やそれに伴う心理的葛藤などを解消または軽減するための専門的援助

カウンセリングと心理療法

　心身症や神経症に用いられる心理的援助技法には，カウンセリングや心理療法がある。一般に学校では，心理療法よりもカウンセリングが用いられる。広義のカウンセリングには，直接的具体的援助や指導も含まれ，教育現場で利用しやすいという面があるためである。また教育相談では，個々の生徒に対して，悩みや心理的葛藤を解消または軽減するための心理的援助を行うことが多いが，これがいわゆる狭義のカウンセリングである。

　病院臨床の場で，心身症や神経症を治療する場合は，主に心理療法が用いられる。心理療法は，医師や心理学の専門家によって行われ，心身の症状の背景となった性格，態度や行動などを修正するための専門的援助のことである。さまざまな技法が用いられているが，それらを包括して心理療法と呼んでいる。

さまざまな心理療法と治療形態

治療形態

個人療法

家族療法

集団療法

心身症や神経症の治療に用いられる心理療法の例

精神分析　交流分析　自律訓練法　行動療法
家族療法　森田療法　筋弛緩法　催眠療法　認知行動療法
　　　　　箱庭療法　読書療法　絶食療法　バイオフィードバック療法
遊戯療法　音楽療法　ロールレタリング　など

心理療法の形態と心理療法の種類

　心身症や神経症は，心理社会的要因が関与している病気なので，その治療も薬物療法による治療だけでなく，さまざまな心理療法が用いられている。

　また心理療法を用いる治療形態に，患者個人を対象とする個人療法，患者を含めた家族全体を対象とする家族療法，多数の患者を同時に対象とする集団療法などがある。集団療法には，講義を中心としたもの，対話を中心としたもの，実技や実習的な内容を中心としたものなどがある。心身症や神経症の症状，成り立ち（背景）によって，それぞれ心理的アプローチの方法が選択されることになる。

11章　アウトサイダーの子どもたち
■非　行

非行とは
非行少年を具体的にどう扱うのだろうか
少年鑑別所を退所する少年の処遇は
非行の現代的傾向をみると……
非行少年を理解する
非行の対策にはどういうものがあるか

少年による刑法犯　検挙人員・人口比の推移（平成21年版犯罪白書）

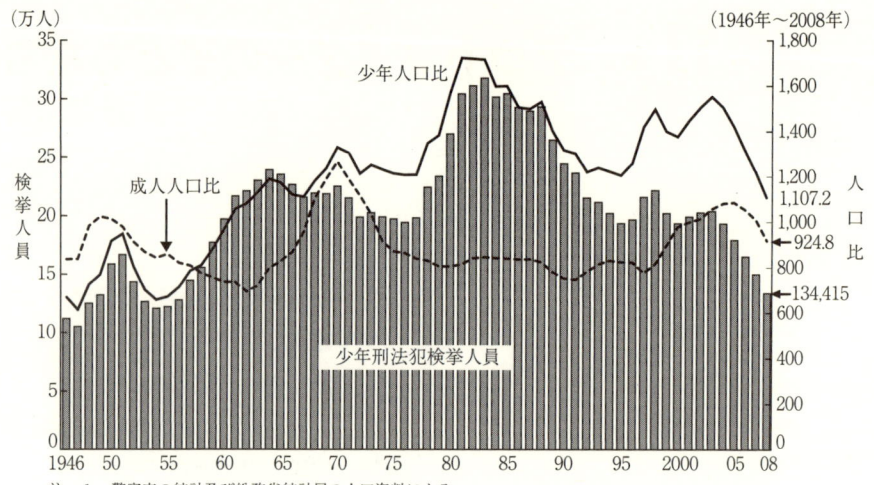

（1946年〜2008年）

少年人口比
成人人口比
少年刑法犯検挙人員

1,107.2
924.8
134,415

注　1　警察庁の統計及び総務省統計局の人口資料による。
　　2　触法少年の補導人員を含む。
　　3　1970（昭和45年）以降は，自動車運転過失致死傷等による触法少年を除く。
　　4　「少年人口比」は，10歳以上の少年の刑法犯検挙（補導）人員の人口比であり，「成人人口比」は，成人の刑法犯検挙人員の人口比である。

非行とは

　非行という言葉は，一般に漠然と使われているが，広い意味ではいわゆる「不良行為」「問題行動」も含まれている。狭義にも，実際に法律に触れた場合だけではなく，法律に触れる恐れのある場合も「ぐ犯」として非行の範囲に入れる。いずれにせよ，「非行」は，たんなる成人の「犯罪」の未成年版というよりも，若干広い概念として考えた方がよい。

　ことに，現代の情緒的な発達・発育——個人に内在する思春期・青年期的な心性の時代的変遷——という視点から考えると，昨今は，本能・衝動性をコントロールする能力が相応（生物的・社会的な発達の基準に照応して）に育たず，同時に個人の内面に「葛藤」を抱える能力が未発達で未成熟なパーソナリティのまま社会生活を送っている人たちが，しばしば観察される。

　「非行」の厳密な法的定義に限らず，一般的な「非行」という概念の境界は，その時代における「普通」という基準の変遷とともに

矯正教育の一環としての社会奉仕活動（平成21年版犯罪白書）

変わるものであろう。現代においては「非行」というニュアンスが著しく変質してきているのかもしれない。社会現象としての「非行」を見直すと，旧来の特殊な位置づけ，意味や分類から，さらに境目のみえないあいまいなものになっている。それをとらえようとして心理的な側面に焦点を当てるならば，個人に内在すると考えられる，思春期・青年期的な心性の質的な部分の近年の変化に着目せざるをえない。

　彼らはおしなべて，傍目にはごく些細（ささい）なことを発端とするような対人関係のトラブルを生じやすく，また，もろもろの場面で，難しいと感じる不快な体験を，反射的に避けて，わかりやすく簡便なことを求める傾向があるようにみえる。さらに，不満をもちやすく，「キレ」やすい，内容よりも感覚的なことを好み，効果・効率的な答えを求めやすい傾向，発想や行動の極端さ，などの特徴が観察できる。いわゆる「行動化」しやすい子どもたちの時代の到来である。

手続きの流れ（平成21年版犯罪白書）

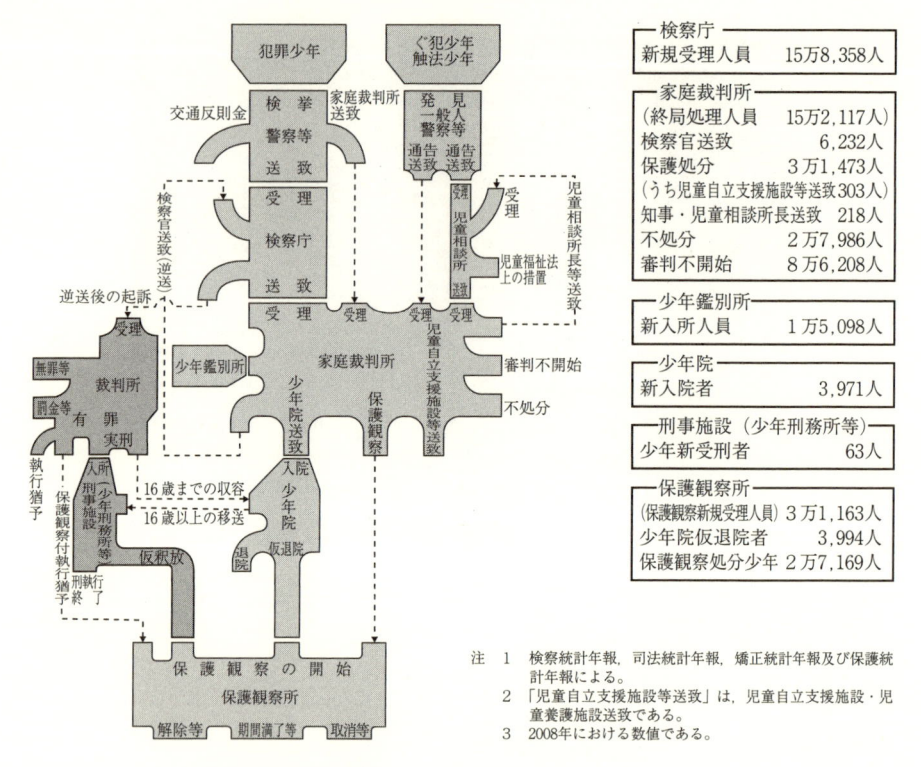

```
検察庁
 新規受理人員    15万8,358人

家庭裁判所
 (終局処理人員    15万2,117人)
 検察官送致          6,232人
 保護処分           3万1,473人
 (うち児童自立支援施設等送致303人)
 知事・児童相談所長送致  218人
 不処分            2万7,986人
 審判不開始         8万6,208人

少年鑑別所
 新入所人員        1万5,098人

少年院
 新入院者           3,971人

刑事施設（少年刑務所等）
 少年新受刑者          63人

保護観察所
 (保護観察新規受理人員) 3万1,163人
 少年院仮退院者        3,994人
 保護観察処分少年  2万7,169人
```

注 1 検察統計年報、司法統計年報、矯正統計年報及び保護統計年報による。
2 「児童自立支援施設等送致」は、児童自立支援施設・児童養護施設送致である。
3 2008年における数値である。

非行少年を具体的にどう扱うのだろうか

　非行少年の処遇は大変に複雑なので、ここでは、いわゆる非行少年の処遇の内容の一部を紹介したい。処遇の流れをみると、図のようになっている。

　図中の**少年鑑別所**や少年院の果たす意味は、刑罰を目的とした成人の刑務所とは異なる。2001年に少年法の一部が改正され、16歳以上の者が被害者を故意に死亡させた事件は、成人に準じて検察官送致となり、刑事事件として扱われる原則ができた。また、2007年には、14歳未満でも少年院送致が可能となった。これらの変更はあったが、少年の健全育成を目指す法律の意図は変わっていない。

　ここでは、家庭裁判所における審判のため、収容された少年たちの調査・診断をすることが目的であり、最高8週間収容される。

少年鑑別所：全国各都道府県にあり、2010年で全国に52カ所おかれている。これは、少年の健全育成を目的とした1949（昭和24）年施行の新少年法と少年院法とともに発足している。

少年鑑別所における収容鑑別の流れ（平成21年版犯罪白書）

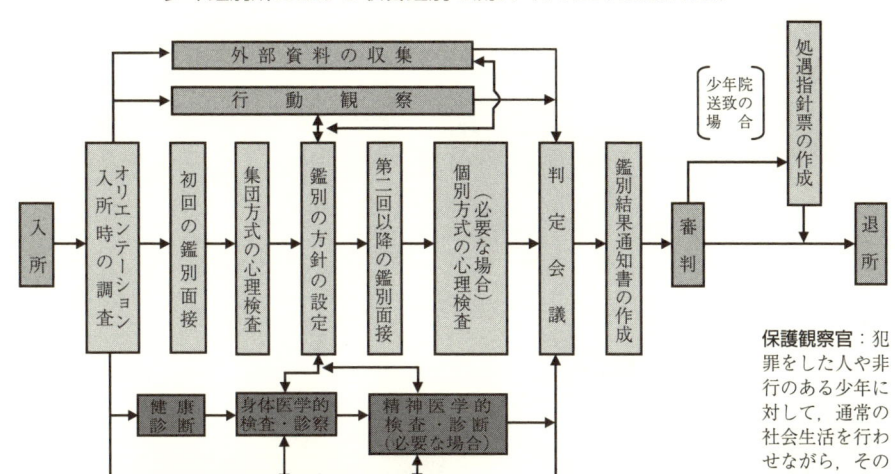

［フロー図：入所 → オリエンテーション入所時の調査 → 初回の鑑別面接 → 集団方式の心理検査 → 鑑別の方針の設定 → 第二回以降の鑑別面接 → 個別方式の心理検査（必要な場合）→ 判定会議 → 鑑別結果通知書の作成 → 審判 →（少年院送致の場合）処遇指針票の作成 → 退所。並行して外部資料の収集、行動観察。また、健康診断、身体医学的検査・診察、精神医学的検査・診断（必要な場合）、治療等の医療的措置（必要な場合）］

少年鑑別所を退所する少年の処遇は

　ごくおおまかにいうと，その約4割は保護者のもとに戻り，**保護観察官**や地元の**保護司**等の指導を受けることになる。つまり，「保護観察」である。この場合，保護者（たとえば両親）と少年との関係の調整など，本人だけではなく家族を含めたケアも重要である。

　また，3割弱は**少年院，児童自立支援施設**（旧：教護院／1998年に法改正がなされ名称変更），児童養護施設などに送致となり，そこで中学や高校の教育や保護者への働きかけなどを含めた生活指導，社会奉仕活動，治療教育など，少年に応じた処遇を受けさせる。この処遇は，少年を，それまで生活していた環境に戻すより，収容して教育することが適当であると判断された場合に行われる。

　一方で，児童自立支援施設，児童養護施設の場合のように，少年鑑別所を通さず，児童相談所で相談を受けた少年を直接送致する

保護観察官：犯罪をした人や非行のある少年に対して，通常の社会生活を行わせながら，その円滑な社会復帰のために指導・監督を行う国家公務員で，「社会内処遇」の専門家である。

保護司：地元において，法務省の委託を受け，無償で保護観察中の少年や大人の相談にのる役割をもつ人々。普段は町内の商店の主人であったり主婦であったりするが，社会復帰を目指す少年や成人を地域で支える重要な機能を果たすボランティアである。

少年院：家庭裁判所の審判によって少年を収容し，矯正教育を行う国立の施設である。2010年で全国に53カ所ある。

少年鑑別所退所事由別構成比（平成21年版犯罪白書）

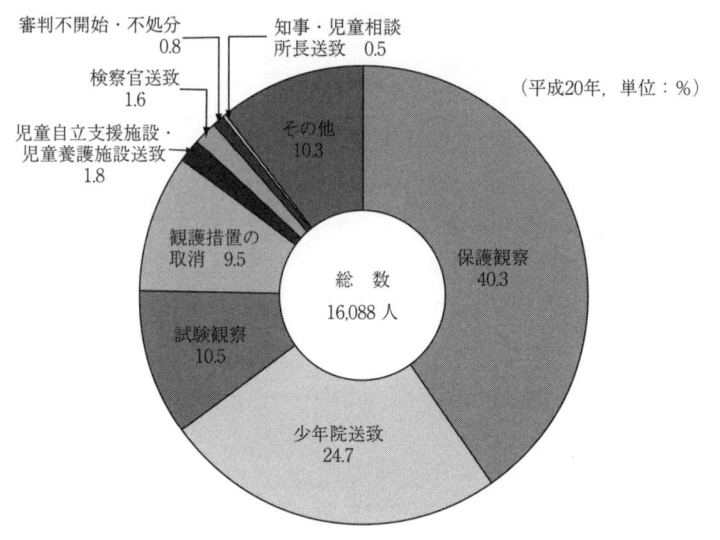

（平成20年，単位：％）

- 審判不開始・不処分 0.8
- 知事・児童相談所長送致 0.5
- 検察官送致 1.6
- 児童自立支援施設・児童養護施設送致 1.8
- その他 10.3
- 観護措置の取消 9.5
- 試験観察 10.5
- 少年院送致 24.7
- 保護観察 40.3

総　数 16,088人

注 1　矯正統計年報による。
　 2　「その他」は，逃走，施設間の移送，同行指揮書等により退所した者である。

場合もある。これらの他にも，主なものでは，試験観察や，「不処分」として格別の処置をされない場合がある。

いずれにしても，少年の人格特徴や，知的側面，家族関係・友人関係など彼らのおかれた環境，生活歴，内面的な欲求などに留意しながら，彼らの社会における適応の可能性を総合的に判断し，どのような処遇がもっともふさわしいか判断することになる。

家庭裁判所の調査官の役割は，裁判官に資料を提供するだけではなく，少年の家族を含めた心理療法に相当するものも扱うことがあり，ユニークで重要なものであるといえる。また，問題行動の背景にあると考えられる少年や家族の生活上の問題について指導や助言を与えたり，学校や職場に復帰するために教師や雇い主から情報を得たり助言することがある。まれではあるが医療機関や他機関に所属する臨床心理士，カウンセラーとの連携を図る場合がある。

児童自立支援施設：児童福祉法をもとに，2010年現在全国に58カ所設けられている（国立2，都道府県立50，市立4，法人2）。児童を入所または通所させ保護者にかわって生活訓練を行い，義務教育を学習させ，臨床心理学や犯罪心理学などにもとづく心理的な支援や作業指導も行う。

遊び型少年の非行

(高校生A君17歳) 有名ブランドの服欲しさとゲーム感覚を楽しむために, 街を遊び場がわりにし, 服の万引きや恐喝を重ねていた。渋谷や原宿のブティックに精通し, ファッション雑誌を愛読していたA君は, 表面的には恵まれた家庭で, 小遣いにも不自由していなかった。

無職少年の非行

(無職少年B君18歳) 高校中退後, これといった職をもたず, フリーターと称してたまにアルバイトをするが, それも長続きしない。近所で暇つぶしをする毎日であったが, 当座の金欲しさとうさ晴らしに後輩をおどし, 恐喝の疑いで逮捕された。

暴走族の今様

暴走族も, 最近はそのグループに対する帰属感は乏しく, グループの数もメンバーも減少している。リーダーの指揮のもとに一体となるようなタイプの暴走行為ではなく, たとえば, 「互いに退屈しのぎにコンビニエンス・ストアの駐車場にたむろするといったタイプ」が多くみられる。リーダーがいなかったり, 地位や役割分担の不明瞭なグループが増えているといえる。これらは, 互いの干渉を嫌う一方で, 孤独にも耐えられないといった動機から集まっていると考えられる。「暴走族」はかつてのイメージとは異なり, 暴走行為を伴うにしても, 互いの孤独をまぎらわすための集まりとしての色彩が強まっているようにみえる。

さらに, 昨今の少年たちは, いわゆる「族」という存在――彼らなりの社会的存在といえようか――へのつながりや所属そのものを嫌い, 回避する傾向があるように見える。心理学的な視点でみるならば, 現代の非行少年にとって, 集団の結びつきによる帰属感や集団の一員である安心感よりも, 自分自身の気持ちのよさや自己効力感が重要であるようにみえる。したがって, 「族」の魅力が実感されにくく, 自己満足や快楽追求のための道具としての価値さえも失っているかも知れない。

しかし, 「暴走行為」そのものが無くなってきているのではない。地方都市を中心として, 現在もいわゆる「走り屋」の暴走行為や示威行為が存在しており, 彼らの行動における多様性といえる。

非行の現代的傾向をみると……

一般に, 原動機付自転車を盗み無免許で運転したり, 深夜の盛り場に出入りするといった遊び中心の非行が多く, 悩みを悩みとして感じる力の乏しい事例が目立ち, 極度の貧困のために非行に至るといったケースは少ない。しかし一方で, 遊び型少年の非行とは対照的に, 格差社会のなかに取り残され, 技能も学業も身につかずにいる場合や, 虐待ともいえる保護環境にいる場合もあり, 非行によって初めてこれらの状況が表面化することがある。

いずれにせよ, 事件が一見いかに遊び気分のようなものにみえても, その問題行動の背景にあるのは, 少年たちの, 彼らをとりまく社会に対する欲求不満であったり, 社会的情緒的な未成熟であったりするのはいうまでもない。これらはおしなべて, ゆがんだ自己愛として特徴づけることができる。

たとえば, 彼らは職業に就いても, ちょっとしたことで職場の人といさかいになる, 面倒くさくて朝起きられない, といったことで長続きしないことがある。彼らにも言い分はあるのだが, これらの特徴は, 不満に対する耐性の乏しさや, 自分の行動をコントロールできない(衝動性のコントロールの悪さ, 著しく欲求充足的な傾向, 極

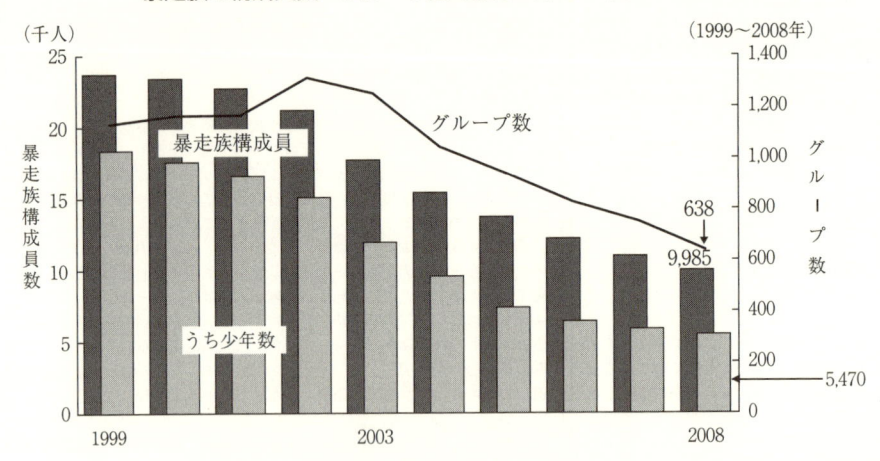

暴走族の構成員数・グループ数の推移（平成21年版犯罪白書）
（1999〜2008年）

端な発想をしたり行動をする）ことといい換えられる。我慢してまで守るべき仕事や立場をもたない，すなわちアイデンティティの希薄さが特徴である。

　この一方，硬く歪んだ自己愛のために，自分の目の前にあることやもの，人への強い執着があり，このようなこだわりに他者からわずかなりとも干渉されることを強く嫌悪し恐怖する傾向がある。また，さほどの理由もなく，他人が自分のことを蔑んでいるのではないか，価値のない人間であると思っているのではないか，といった妄想様の観念に陥りやすいようである。自己への傷つきを恐れるゆえに，このような自己愛は維持されるし，維持されることによって，この自己愛は硬く歪んだままで成長することができないことになる。自分は，いまだ本気を出していないだけであるといった自己満足感，自己肯定感に浸る生き方を選ぶといってもよい。

　現代の日本では，好況・不況といったある程度の経済的な変化はあるものの，比較的，物質的には豊かで，即座に飢えることはまれであり，ときおりつなぎのアルバイトをすることも可能である。ヤクザのような集団の一員になることも面倒，その場の自分の都合が大事，という未熟で，歪んだ自己愛を持ったタイプの少年が浮き草のように社会に漂い，非行に至ったといえる。

11章 アウトサイダーの子どもたち

非行少年の描いた「家庭」

非行少年を理解する

　上の絵は，窃盗を重ねていた少年が，「家族の絵を描いてください」という教示によって描いたもので，題名は「暗闇の中で1人ぼっちの私」という。彼は，両親に一通りの世話はされているが，親子の関係はこじれて冷えきっていた。そのあてつけの気持ちと，愛情に対する飢えを癒す代わりに物を盗んで自分の物とする，代償行為として盗みを繰り返していたと考えられる。彼ははじめは，周囲に対してもかたくなで心を開かなかったが，面接を続けていくうち，自分の心の内側を絵によって表現するようになったのである。

　このように非行は，少年の周囲に対する抗議や，ままならない現実からの逃避などの意味をもつ場合がある。家族関係がうまくいかず両親の十分な愛情を感じられない，学校になじめないといった状況があると，少年たちは，それに対してそれぞれの反応を示し，その反応の型の1つが非行という「行動」化であるといえる。

　例をあげると，ある少年はそれを悩み，心のなかで感じ取る。たとえば，うまくやっているようにみえる周囲への抗いがたい羨望，自分だけが損をしているという激しい怒りを感じるだろう。しかしある少年は，ストレス性のぜん息，皮膚疾患や胃かいようの発症など，身体的な表現に至るだろう。さらに，ある少年は家出，家庭内

箱庭を通して少年の心の世界を理解し成長を促す

暴力，校内暴力，薬物乱用，自殺未遂をはじめとした自傷（リスト・カット，アーム・カットなど），売春・援助交際，ネット犯罪といったさまざまな自身に害のある「行動」に移す，ということができる。

　非行に対して，たんに反社会的であるということだけを取上げ否定的に断じるのでは一面的である。そこには少年たちの，快感や快楽中心である心の世界の幼さと，また耐えがたい状況に対する表現あるいは反応としての側面の両面をみて取ることができる。

　さらに彼らの心理的な未成熟さや脆さと関連して，成長や変化を避ける構えが見受けられる。すなわち，社会に適応し，その一員として苦労し他者を思いやることは，これまで築いてきた自分中心の世界や自己愛が損なわれることにつながるからである。このように，総合的・複合的に理解していくと，問題の核になっているものがみえやすいといえる。

　ところで，一見申し分ない家庭に，家族にとっては突然非行で周囲を困らせる子どもが出て，どうしてこの子だけがこんなに悪いのか，といったケースに出会うことがある。この場合にも，本人はもとより，本人と家族・家族相互関係のありよう（たとえば表にみえにくい家族間の緊張感や，優秀なよい子である暗黙のプレッシャー）に

11章　アウトサイダーの子どもたち

少年院では，グループディスカッションし，問題に向き合う

[少年院の教官]　「そうかなあ」
[外部の専門家]
[少年たち]　「被害者はあやまれば許すと思います」

配慮することが必要である。

　さらに，たとえば両親のどちらか，あるいは両者のパーソナリティにかかわると考えられる，しつけや養育の機能に伴う問題が見受けられることがある。例をあげると，親が有名高校進学にこだわり成績に一喜一憂する，門限を厳密に定め少しでも遅れると激しく怒るあるいは長時間叱責するといった傾向は，一見しつけに厳格であるだけにも感じられる。しかし，これは親の過度に強迫的で偏った性格の現れである可能性があり，細部にわたって指図される生活が少年を苦しめ，健康的な心と体の発達を阻害する要因となっているかも知れない。このように，少年たちを育み・保護する側の心理の理解も重要であり，両親の社会的発達上の問題，思春期・青年期から抱えたままであるテーマが，彼らの子育てにも反映している可能性がある。

　いずれにせよ，非行について考え扱う場合には，その「問題」や「原因」がどこにあるかを初めからあれこれ探るよりも，子どもたちの表す多様な言動を，まずは現象のままていねいに，かつまんべんなく観察していくことが重要であり，言動そのものを複眼的な視野から理解していくことが不可欠である。

内観療法を受けているところ

「きょうは何をしらべてくださいましたか…」

「はい 7歳のときのおかあさんの……」

非行の対策にはどういうものがあるか

　児童生徒の場合，円滑に学校に復帰できるかが大切な要素になる。失敗を乗り越え，周囲にもそれを認め受け入れてもらったという体験自体が教育的効果をもっている。また少年は，おとなを信頼したいのだがしきれない，といういずれもの気持ちを両方ともに抱えていることが多いので，信頼のきっかけを損なうことのないように心がけたい。そのためには，理解や指導の方針が大きく異なることのないよう，学校内の教師同士やスクールカウンセラーが，討議し合う姿勢が大切である。また家庭や学校，治療や矯正の機関など，少年をとりまく人々が，連携し，大きな矛盾や指導の切れ目のないように図ることが望ましい。

　その際も，非行の芽を摘むことにやっきになるというよりも，彼らが非行によって表現しようとしていることを理解する姿勢が，内面的な成長を支えることに通じることがあり，社会での適応を促すのに役立つといえる。

　その他，たとえば少年院（医療少年院を含む），民間の相談施設，病院などの専門機関が非行少年に対して行う専門的な処遇として，次のようなものがある——環境調整，生活指導，現実療法，作業療法，グループ・カウンセリング，サイコドラマ，内観療法など。

内観療法：部屋の隅に屏風を立て，およそ1m四方の静かな場所に坐り，幼少時から今までの主として母親との関係を調べていく。吉本伊信の創案による。

12章　やる気にならない
■勉強嫌い・無気力

現代の子どもたちの意識——勉強が好き？　嫌い？
日本の子どもたちは勉強を楽しいと思っている？
やる気を高めるもの，なくさせるもの
学習意欲をさぐる
欲求と目標によって私たちは行動する——動機づけ
「どうせなにをやってもダメだ」はなぜ起こる？
「やればできる」が行動を変えていく
成功経験だけ与えても無気力は治らない
無気力のメカニズムを知り，変えられるところを変えていく

「勉強が好きだ」という質問に対する回答の割合 （国立教育政策研究所2005；2007より作成）

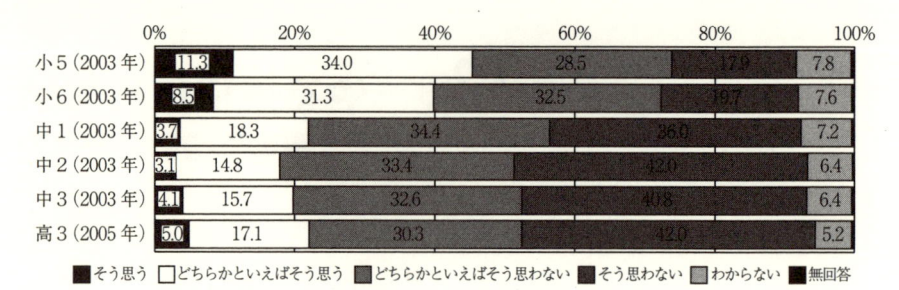

	そう思う	どちらかといえばそう思う	どちらかといえばそう思わない	そう思わない	わからない	無回答
小5（2003年）	11.3	34.0	28.5	17.9		7.8
小6（2003年）	8.5	31.3	32.5	19.7		7.6
中1（2003年）	3.7	18.3	34.4	36.0		7.2
中2（2003年）	3.1	14.8	33.4	42.0		6.4
中3（2003年）	4.1	15.7	32.6	40.8		6.4
高3（2005年）	5.0	17.1	30.3	42.0		5.2

教科の好き嫌い（学年別）（文部科学省，2005より作成）

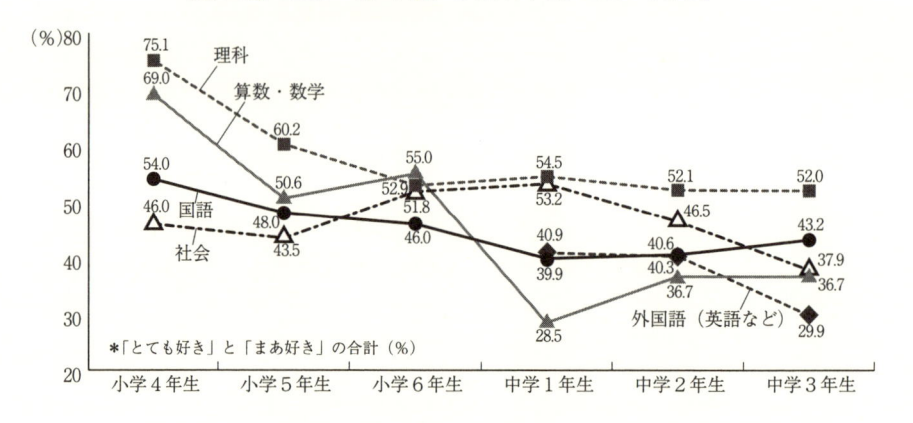

理科：小学4年生 75.1、小学5年生 60.2、小学6年生 55.0、中学1年生 54.5、中学2年生 52.1、中学3年生 52.0
算数・数学：小学4年生 69.0、小学5年生 50.6、小学6年生 52.9、中学1年生 53.2、中学2年生 46.5、中学3年生 37.9
国語：小学4年生 54.0、小学5年生 48.0、小学6年生 51.8、中学1年生 40.9、中学2年生 40.6、中学3年生 43.2
社会：小学4年生 46.0、小学5年生 43.5、小学6年生 46.0、中学1年生 39.9、中学2年生 40.3、中学3年生 29.9
外国語（英語など）：中学1年生 28.5、中学2年生 36.7、中学3年生 36.7

＊「とても好き」と「まあ好き」の合計（％）

現代の子どもたちの意識——勉強が好き？　嫌い？

　一口に「勉強嫌い」といっても，さまざまな程度がある。「なんとなく勉強が苦手」だったり，「嫌いな教科がある」などは誰にでもありうることである。しかし勉強すること全般にわたって意欲が失われ，慢性的に学習活動が抑制されてしまうと，深刻な状態を引き起こすことにもつながってしまう。

　現代の子どもたちの勉強や教科に対する意識はどうだろうか？　国立教育政策研究所（2005，2007）と文部科学省（2005）の調査からは，勉強を好きだと思わない児童生徒が，好きだと思う児童生徒を上回っていること，学年が上がるにつれて「勉強が好き」「その教科が好き」な割合が減少していくことがわかる。

算数（数学）・理科に対する意識について　TIMSS2007における国際平均との比較
（国立教育政策研究所，2008より作成）

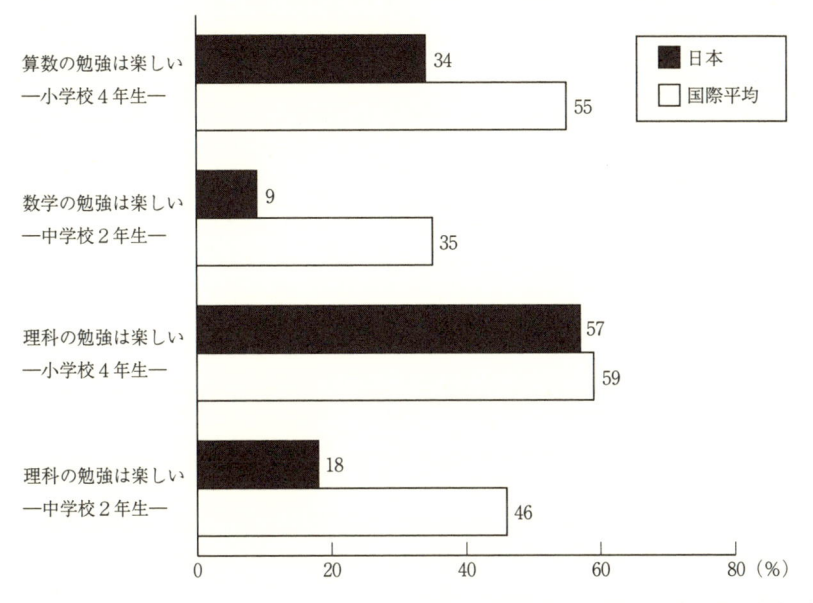

算数の勉強は楽しい
―小学校4年生―
　日本: 34
　国際平均: 55

数学の勉強は楽しい
―中学校2年生―
　日本: 9
　国際平均: 35

理科の勉強は楽しい
―小学校4年生―
　日本: 57
　国際平均: 59

理科の勉強は楽しい
―中学校2年生―
　日本: 18
　国際平均: 46

「強くそう思う」と答えた児童生徒の割合（％）

日本の子どもたちは勉強を楽しいと思っている？

　2007年に行われた国際教育到達度評価学会（IEA）による国際数学・理科教育動向調査（TIMSS）では，小学校4年生と中学校2年生に対して「算数（数学）と理科の勉強を楽しいと思うか」との質問をしている。

　その結果，「強くそう思う」と回答した日本の児童生徒の割合は以前の調査結果と比べて決して減少しているわけではない。しかし国際平均と比較してみると，すべての学年・教科に関して下回っていることがわかる。また，参加国のなかの順位は，小学校4年では36カ国中，算数が32位，理科が18位であり，中学校2年では，数学が49カ国中47位，理科が30カ国中28位と，日本の児童生徒は勉強を楽しいと思うことができていないという現状が浮かび上がってくる。

やる気が高まるとき，なくなるとき（国立教育政策研究所，2002より作成）

	やる気が高まるとき		やる気がなくなるとき	
小学校	1. 授業がよくわかるとき	95.2%	1. 授業がつまらないとき	83.3%
	2. 先生にほめられたとき	94.6%	2. 家族の仲が悪かったりしていやなとき	80.0%
	3. 授業がおもしろいとき	94.6%	3. 先生にしかられたとき	69.5%
	4. クラブ活動などに一生懸命取り組んでいるとき	94.2%	4. 友だちにけなされたとき	68.3%
	5. 仲のよい友だちができたとき	93.5%	5. 授業がよくわからないとき	64.5%
中学校	1. 授業がよくわかるとき	94.0%	1. 授業がつまらないとき	95.0%
	2. 授業がおもしろいとき	91.8%	2. 授業がよくわからないとき	77.2%
	3. 将来つきたい職業に関心をもったとき	90.5%	3. 家族の仲が悪かったりしていやなとき	75.4%
	4. 成績が上がったとき	87.1%	4. 母親に「勉強しなさい」といわれたとき	73.5%
	5. 将来行きたい学校がはっきり決まったとき	86.8%	5. 家の人に友達と比べられたとき	69.4%
高等学校	1. 授業がおもしろいとき	93.3%	1. 授業がつまらないとき	94.8%
	2. 授業がよくわかるとき	93.0%	2. 授業がよくわからないとき	81.1%
	3. 将来つきたい職業に関心をもったとき	89.7%	3. 母親に「勉強しなさい」といわれたとき	78.3%
	4. 将来行きたい学校がはっきり決まったとき	88.9%	4. 父親に「勉強しなさい」といわれたとき	72.0%
	5. 成績が上がったとき	86.8%	5. 家族の仲が悪かったりしていやなとき	70.2%
	5. 級や段，資格などを取ろうと思ったとき	86.8%		

※やる気が高まるときは，「とてもやる気になる」「やる気になる」合計の上位5位。
※やる気がなくなるときは，「とてもやる気がなくなる」「やる気がなくなる」合計の上位5位。

やる気を高めるもの，なくさせるもの

　国立教育政策研究所（2002）の調査によると，「やる気が高まる」きっかけは，いずれの年代においても「授業がわかる」「おもしろい」と感じるときが多い。また校種別にみると，小学校では教師や友人との良好な対人関係，中学や高校では進路や目標が定まったことによる影響も大きいようである。
　「やる気がなくなる」きっかけは，「授業がつまらない」「よくわからない」と感じるときが多く，「やる気が高まるとき」と同様に，どの年代においても授業の影響力が強いことがわかる。また，小学生は家族，教師，友人との関係，中学や高校では家族関係や親の一言など，対人関係の状態もやる気を左右させる一因になっていることがうかがえる。

家庭学習時間（学校段階別）（文部科学省，2005より作成）

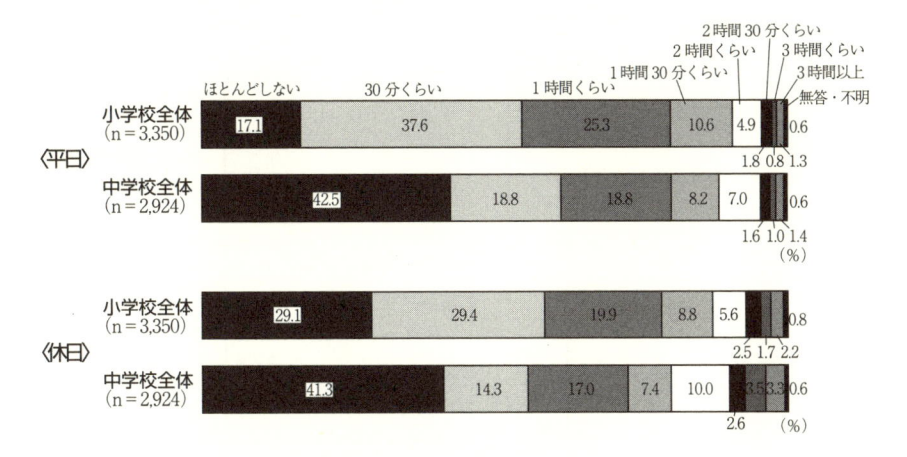

〈平日〉
- 小学校全体 (n=3,350): ほとんどしない 17.1 / 30分くらい 37.6 / 1時間くらい 25.3 / 1時間30分くらい 10.6 / 2時間くらい 4.9 / 2時間30分くらい 1.8 / 3時間くらい 0.8 / 3時間以上 1.3 / 無答・不明 0.6
- 中学校全体 (n=2,924): 42.5 / 18.8 / 18.8 / 8.2 / 7.0 / 1.6 / 1.0 / 1.4 / 0.6 (%)

〈休日〉
- 小学校全体 (n=3,350): 29.1 / 29.4 / 19.9 / 8.8 / 5.6 / 2.5 / 1.7 / 2.2 / 0.8
- 中学校全体 (n=2,924): 41.3 / 14.3 / 17.0 / 7.4 / 10.0 / 2.6 / 3.5 / 3.3 / 0.6 (%)

勉強嫌いに影響を及ぼす要因

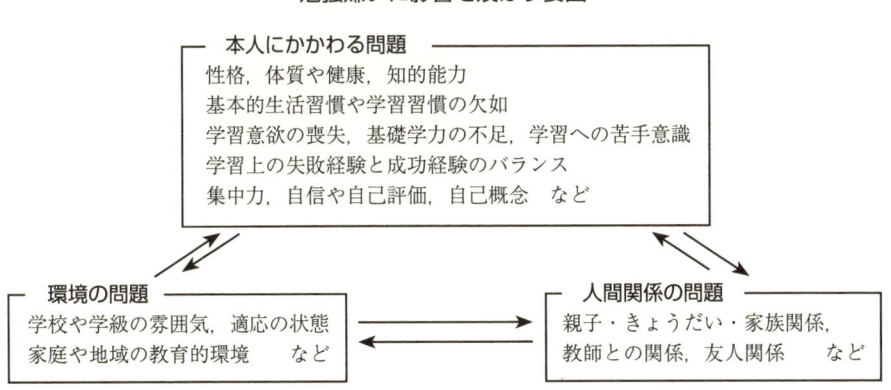

本人にかかわる問題
性格，体質や健康，知的能力
基本的生活習慣や学習習慣の欠如
学習意欲の喪失，基礎学力の不足，学習への苦手意識
学習上の失敗経験と成功経験のバランス
集中力，自信や自己評価，自己概念　など

環境の問題
学校や学級の雰囲気，適応の状態
家庭や地域の教育的環境　など

人間関係の問題
親子・きょうだい・家族関係，
教師との関係，友人関係　など

　勉強嫌いの要因にはさまざまなものが考えられるが，大きく分けて，①本人にかかわる問題（性格，これまでの学習習慣の欠如や基礎学力の不足，自己評価など），②環境にかかわる問題（学校や学級の雰囲気や適応の状態，家庭における学習環境など），③対人関係にかかわる問題（教師や友人，家族との関係など）があげられる。
　「やる気がない」状態は，たとえば**アンダーアチーバー**と呼ばれる児童生徒を生じさせてしまったり，無気力や不登校などの深刻な不適応などを引き起こす恐れがある。

アンダーアチーバー：学業不振児。知能から期待される学力に対して実際の学力が低い児童生徒のことをいう。

学習意欲の構造 (下山, 1985)

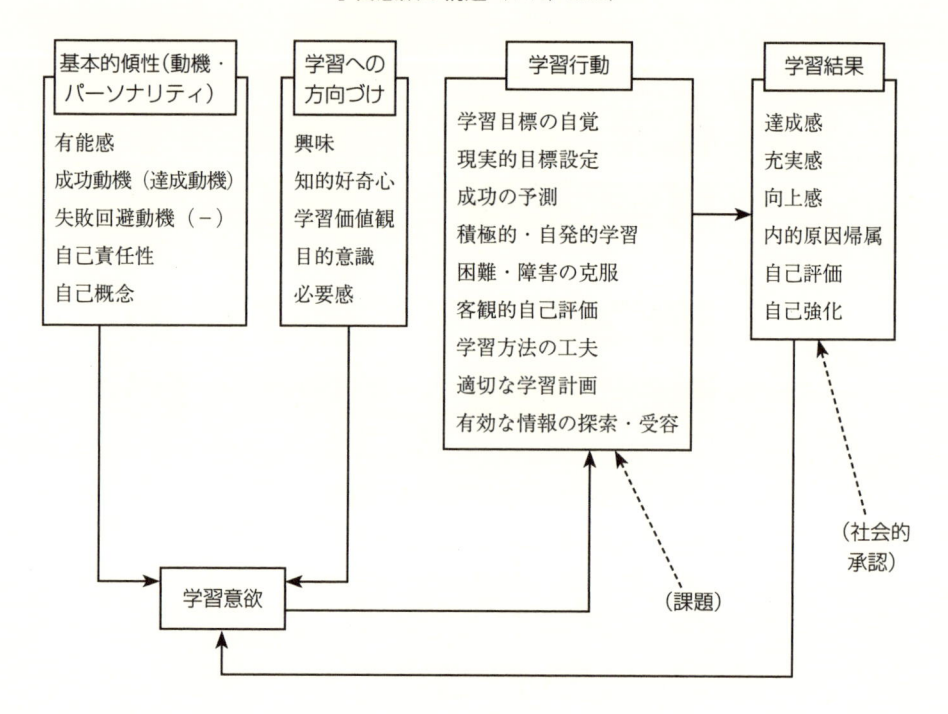

```
┌─────────────────┐  ┌─────────────┐  ┌─────────────────┐  ┌─────────────┐
│ 基本的傾性(動機・│  │ 学習への    │  │ 学習行動        │  │ 学習結果    │
│ パーソナリティ) │  │ 方向づけ    │  │                 │  │             │
│                 │  │             │  │ 学習目標の自覚  │  │ 達成感      │
│ 有能感          │  │ 興味        │  │ 現実的目標設定  │  │ 充実感      │
│ 成功動機(達成動機)│  │ 知的好奇心  │  │ 成功の予測      │  │ 向上感      │
│ 失敗回避動機(-)│  │ 学習価値観  │→ │ 積極的・自発的学習│→│ 内的原因帰属│
│ 自己責任性      │  │ 目的意識    │  │ 困難・障害の克服│  │ 自己評価    │
│ 自己概念        │  │ 必要感      │  │ 客観的自己評価  │  │ 自己強化    │
│                 │  │             │  │ 学習方法の工夫  │  │             │
│                 │  │             │  │ 適切な学習計画  │  │             │
│                 │  │             │  │ 有効な情報の探索・受容│  │       │
└────────┬────────┘  └──────┬──────┘  └─────────────────┘  └─────────────┘
         │                  │                   ↑                    ↑
         │                  │                   ┊                    ┊
         └──→ 学習意欲 ←────┘                 (課題)            (社会的承認)
              ↑                                                       │
              └───────────────────────────────────────────────────────┘
```

達成動機：優れた目標を設定して，それを成し遂げたいという欲求。

自己概念：自分自身で持っている，自分についての考え方やイメージ。

原因帰属：その事象の結果が何からもたらされているのか，という原因についての考え方。

学習意欲をさぐる

　学習における「やる気」は学習意欲としてとらえられる。下山 (1985) によれば，学習意欲は**達成動機**や**自己概念**などの動機・パーソナリティ（基本的傾性）という側面と，知的好奇心や目的意識などの学習への方向づけという側面から構成されている。そして，これらの意欲から実際の学習行動が引き起こされ，続いて学習結果が生じる。学習結果には成績そのものやそれに付随する感情（達成感や挫折感など）や認知（**原因帰属**や自己評価など）が含まれているが，これらがさらに学習意欲に影響を及ぼしていくのである。

動機づけ概念の位置 (弓野, 2002)

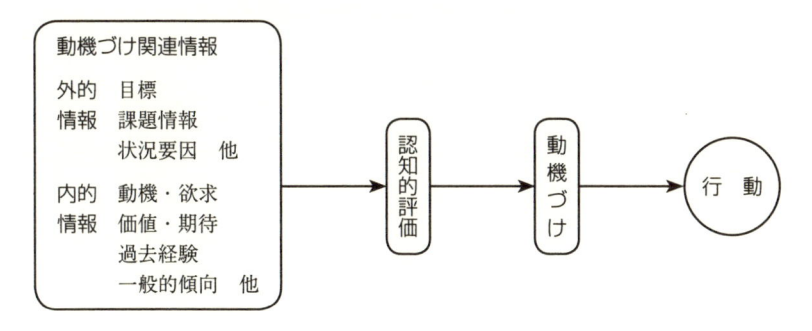

```
┌─────────────────┐
│ 動機づけ関連情報 │
│                 │
│ 外的  目標      │
│ 情報  課題情報  │
│       状況要因 他│      ┌─────┐   ┌─────┐   ┌─────┐
│                 │ ───→ │認知的│ → │動機 │ → │ 行動 │
│ 内的  動機・欲求│      │評価 │   │づけ │   │     │
│ 情報  価値・期待│      └─────┘   └─────┘   └─────┘
│       過去経験  │
│       一般的傾向他│
└─────────────────┘
```

学習意欲の分類 (桜井, 1997)

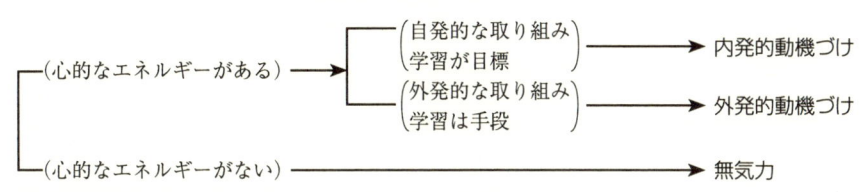

```
                    ┌─(自発的な取り組み)─→ 内発的動機づけ
                    │ (学習が目標)
─(心的なエネルギーがある)─┤
                    │ (外発的な取り組み)
                    └─(学習は手段)──────→ 外発的動機づけ

─(心的なエネルギーがない)─────────────────→ 無気力
```

欲求と目標によって私たちは行動する——動機づけ

　学習意欲は**動機づけ**の一分野として研究されている。動機づけは個人の内部に存在する欲求（または動機，動因）と，駆り立てられた行動を方向づける目標（または誘因）という2つの要素から構成されており，動機づけの強さはこれらの欲求と目標を個人がどのように認知的に評価していくかで決定される。

　また動機づけは**外発的動機づけ**と**内発的動機づけ**に区別される。外発的動機づけは外的な報酬を目標としたものであり，学習はそれらを得るための手段となる。一方，内発的動機づけでは学習行動それ自体もしくは学習内容の理解が目標となる。

　一般的には，外発的動機づけよりも内発的動機づけが望ましいとされている。しかし桜井（1997）や速水（1998）が指摘するように，外的な報酬や目標あるいはその役割を軽視することは現実的ではないし，有益でもない。むしろ2種類の動機づけをバランスよく組み合わせること，そして目標の所在を問題とするよりも，自発的に学ぶ姿勢に焦点を当てた動機づけが有効である。

動機づけ：個体に行動を開始させ，その欲求を充足させる目標へと向かわせる一連のプロセス。

外発的動機づけ：他者からの働きかけに影響され，報酬や罰，外部からの評価などが目標となって生じる動機づけ。

内発的動機づけ：外的な報酬を目標とせず，知的好奇心などのように課題そのものに興味を感じ，活動することそれ自体が快や満足を伴うという動機づけ。

改訂学習性無力感理論の3次元と無気力との関係
（Abramson et al., 1978, 佐伯, 1982をもとに作成）

例：数学のテストの点数が悪かった場合

	内的（自分に原因がある）		外的（自分以外のものに原因がある）		
	安定的 （変動しにくい）	変動的 （流動的）	安定的 （変動しにくい）	変動的 （流動的）	
全般的 （どれもこれも）	自分は頭が悪い	勉強について努力が足りない	学校の先生は，いつも習っていないことを試験に出す	いつも運が悪い	無気力 広がり大
特殊的 （このことだけ）	自分は数学ができない	昨日TVを見過ぎてしまった	数学のテストはいつも難しい問題が出る	今回は運が悪かった	無気力 広がり小
	無気力が固定的	無気力が一時的	無気力が固定的	無気力が一時的	
	自尊心のダメージ大		自尊心のダメージ小		

「どうせなにをやってもダメだ」はなぜ起こる？

セリグマンとマイヤー（1967）の実験では，犬が**学習**によって無気力状態に陥ること（**学習性無力感**）が示された。人間を対象とした研究でも，**非随伴的**でコントロール不可能な経験の蓄積とそれにもとづいた結果の予期が無力感を引き起こすことが示された。さらにエイブラムソンら（1978）はこれらのプロセスに介在する認知機能に注目し，原因帰属を導入した改訂学習性無力感理論を提唱した。

帰属の仕方は次の3つの次元に分類される。1つめは原因が自分の内部にあるのか，自分以外の外部にあるのか，2つめは原因が比較的いつも起こる安定的なものか，その時々で生じる変動的なものか，3つめは原因がほぼすべてのできごとに共通する全般的なものか，そのできごとに限定される特殊的なものかである。これまで，嫌悪的なできごとに関して，内的・安定的・全般的な帰属（それは自分の変わらないものが原因で，どのできごとでもそうだ）がとくに無気力を生じさせることが示されている。

学習：経験によって，行動が変容したり，新しい行動が獲得されること。

学習性無力感：学習によって，自分でその状況をコントロールできないという無力感を獲得し，自発性が低下した状態。

非随伴的経験：その結果が自分の行動に伴わずに生じているという経験。

達成目標と達成行動の関係 (Dweck, 1986)

知能観	目標	現在の能力に対する自信	行動パターン
固定観 （知能は不変）	遂行目標 （肯定的評価を得たい／ 　否定的評価を避けたい）	自信が高ければ →	達成志向的 困難に挑戦，粘り強い
		自信が低ければ →	無力感 挑戦を避ける あきらめやすい
発展観 （知能は可変）	学習目標 （能力を伸ばしたい）	自信が高くても 低くても →	達成志向的 （学習を促す）困難に挑戦 粘り強い

「やればできる」が行動を変えていく

　ドゥエック (1986) は，知能に対する考え方の違いが異なる達成目標と行動パターンをもたらすとした。すなわち，知能は変化しないという考え方は，肯定的評価を求め否定的評価を回避するという目標を生み出し（遂行目標志向），知能は変化させられるという考え方からは能力を伸ばすという目標が生じる（学習目標志向）。

　遂行目標志向の場合は，自分の能力に対する知覚によってその後の行動パターンが異なってしまう。能力に自信があれば困難な課題にも粘り強く挑戦するが，自信がない場合は挑戦を避け，諦めやすい。一方，学習目標志向の場合は，能力の知覚にかかわらず積極的に課題に挑戦する達成志向的な行動へと発展していくのである。

　このように達成場面では目標設定が重要であるが，そのためには能力の可変性や**自己効力感**を肯定的に認知させるようなかかわりやパフォーマンスに対する適切なフィードバックが必要とされる。

自己効力感：自分がその課題に対して，どの程度上手にやれるかという感覚。

成功経験群と帰属経験の失敗導入による無力感の変化（Dweck, 1975）

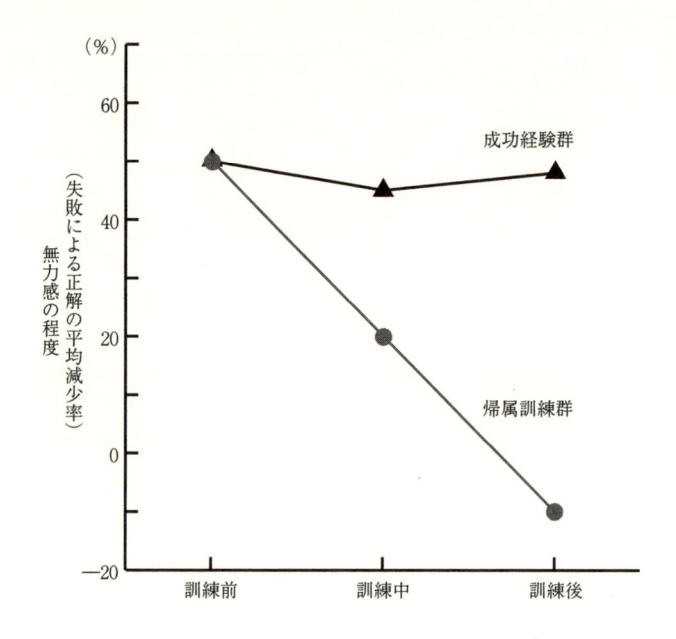

成功経験だけ与えても無気力は治らない

　無気力への対応はどのようにすればいいのだろうか？

　ドゥエック（1975）は無気力な子どもを対象とした実験を行った。その結果，基準を低く設定することで成功経験を多く与えられた群に比べて，失敗を経験してもそれは努力不足が原因であると教えられた帰属訓練群の方が無力感は低下することが示された。

　単に成功経験をたくさん与えただけでは，失敗したときに感じる無力感は改善されない。一方，失敗は可変的な努力不足が原因であり，不変の能力によるものではないと帰属を修正させたうえで成功を経験すると，その成功経験は決して偶然ではなく，コントロール可能で随伴的なものとしてみなされるようになるのである。

　こういった経験が自己効力感や課題への関与の仕方を変容させ，無気力の改善や学習意欲の増加につながっていくと考えられる。

改訂学習性無力感理論の概略 (Abramson et al., 1978, 大芦・鎌原, 2005より作成)

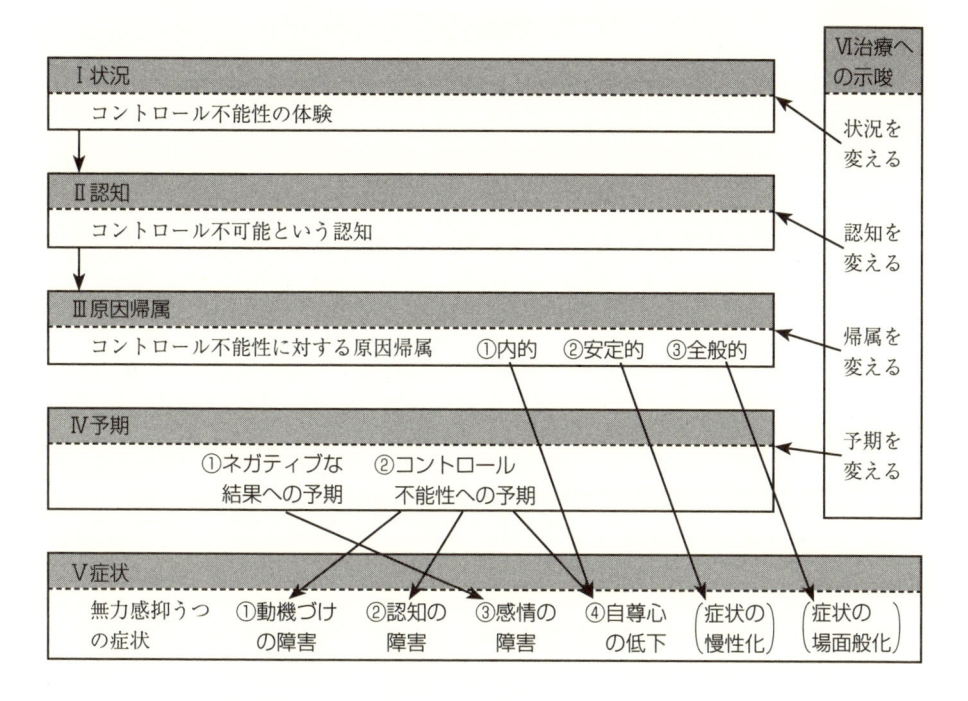

```
┌─────────────────────────────────────┐   ┌──────────┐
│ Ⅰ 状況                              │   │ Ⅵ治療へ  │
│   コントロール不能性の体験          │◀──│  の示唆  │
└─────────────────────────────────────┘   │ 状況を   │
                ↓                         │ 変える   │
┌─────────────────────────────────────┐   │          │
│ Ⅱ 認知                              │   │          │
│   コントロール不可能という認知      │◀──│ 認知を   │
└─────────────────────────────────────┘   │ 変える   │
                ↓                         │          │
┌─────────────────────────────────────┐   │          │
│ Ⅲ 原因帰属                          │   │          │
│   コントロール不能性に対する原因帰属│◀──│ 帰属を   │
│   ①内的  ②安定的  ③全般的          │   │ 変える   │
└─────────────────────────────────────┘   │          │
                                          │          │
┌─────────────────────────────────────┐   │          │
│ Ⅳ 予期                              │   │          │
│   ①ネガティブな    ②コントロール   │◀──│ 予期を   │
│     結果への予期     不能性への予期 │   │ 変える   │
└─────────────────────────────────────┘   └──────────┘

┌─────────────────────────────────────────────────────┐
│ Ⅴ 症状                                              │
│ 無力感抑うつ ①動機づけ ②認知の ③感情の ④自尊心 (症状の (症状の │
│ の症状       の障害    障害    障害   の低下 慢性化) 場面般化)│
└─────────────────────────────────────────────────────┘
```

無気力のメカニズムを知り，変えられるところを変えていく

　前述した原因帰属の修正の他にも，無気力が主にどの段階や要因から発生しているかを知ることができれば，それぞれの段階において個人に応じた援助を行っていくことが可能になる。

　たとえば，学習に適した環境を整備することで状況を変えることができるし，個人の能力に合致した課題やそれに対する即時的で適切なフィードバックを与えることでコントロール不能感の低減が期待できる。あるいは自分やその出来事に対する受けとめ方や予期を修正していくこと（**認知療法**的かかわり）や**ストレスマネジメント訓練**でストレスへの対処能力を高めていくことも可能である。このような各段階に応じたかかわりは予防的観点からも有効となろう。

　なお，うつや神経症など深刻な無気力の場合は，精神科医や臨床心理士などによる専門機関での対応と治療が必要となる。

認知療法：ベックによって提唱された，考え方や受け止め方を変容させていくことで，情緒面や行動面の問題解決を試みる技法。

ストレスマネジメント訓練：ストレスについて知り，自分のストレスを自覚し，上手に対処していくスキルを身につけるための練習。

コラム3 ■死の準備教育

　生と死について，死にかかわりのあるテーマから学際的に探求するのが「死生学」であり，これは，死を意味するギリシア語タナトスに由来するタナトロジー（thanatology）の日本語訳である。そして，この死生学の実践段階が「死の準備教育」であり，こちらは，デス・エデュケーション（death education）の日本語訳である。「死の準備教育」とは，死を身近な問題として考え，生と死の意義を探求し，自覚をもって自己と他者の死に備える心構えを習得するための教育である。

　デーケン（2001）は，「死の準備教育」において，とくに重要なテーマとして以下の12項目をあげている。①死へのプロセスの理解，②人間らしい死に方を考える，③死のタブー化をやめよう，④死への恐怖と不安への対応，⑤生命への脅威—自殺を防ぐために，⑥病名告知とスピリチュアル・ケア，⑦ホスピス運動とは，⑧安楽死について，⑨臓器移植の考え方，⑩葬儀—子どもを参加させる意義，⑪ユーモア教育のすすめ，⑫死後への考察—哲学・宗教の立場。

　このうち，「①死へのプロセスの理解」に関する研究としては，精神科医キューブラー・ロスによる，数百人の末期患者との面接体験から得られた死へのプロセスの5段階説があり，それは以下の通りである。第1段階—否認：自分が死ななければならないという事実の否認。第2段階—怒り：なぜ，今，自分が死ななければならないのかという怒り。第3段階—取り引き：間近に迫る死を，少しでも先に延ばしてもらうために，自分の運命をつかさどる神などと取り引きする。第4段階—抑うつ：病気のために失った対象について嘆く「反応抑うつ」と，すべてを失わなければならないという自覚をともなった，次の受容の段階に備える「準備抑うつ」。第5段階—受容：自身の避けがたい運命を平静に受け入れる。

　あらゆる児童生徒に親族や同級生など身近な人を亡くす可能性がある。そのため，日常の授業のなかで，児童生徒の発達段階に応じた「死の準備教育」を行うことが重要である。

文献：アルフォンス・デーケン　2001　生と死の教育　岩波書店

Ⅳ部　解決策

13章　心の悩みを援助する
■カウンセリング

カウンセリングとはなにか
経験と自己概念のずれ──適応と不適応
カウンセリングと心理療法
カウンセリングの流れ──面接過程
クライエントとカウンセラーの関係
カウンセラーに必要な基本的態度
カウンセリングの過程を深めるために──傾聴技法
学校でのカウンセリング
学校でのカウンセリングの専門家──スクールカウンセラー
スクールカウンセラーの活動の実際
人間関係づくりの試み──構成的グループ・エンカウンター

カウンセリングの成立要件

カウンセラー　　　　　　　　　　　　　　　　　　　クライエント

クライエント…適応上の問題をもち，その解決に援助を必要とする個人
カウンセラー…専門的に訓練を受けた援助者としての資質を備えた専門家
　方　　法　…面接において，望ましい人間関係を基盤にして，おもに言葉を使用
　目　　的　…クライエントが問題解決するのを援助

カウンセリングとはなにか

　カウンセリングとは，適応上の問題があって心に悩みを抱えていて，その解決に援助を必要とする**クライエント**と，専門的な訓練を受けて援助者としての資質・知識・技能を備えたカウンセラーが，面接をして，両者の望ましい人間関係を基盤に，おもに言葉を用いて，クライエントが問題を解決し悩みを軽減するための援助を行うことである。カウンセリングについて，一般には，困っていることに対してなにかアドバイスをしたり，解決するのを直接手伝ったりするようなイメージがあるかも知れない。実際には，クライエントと一緒に解決の道を探っていく共同作業であり，その主体はあくまでもクライエントにある。

クライエント：日本語では来談者と訳される。元来は顧客・依頼人の意味である。

自己一致と不一致

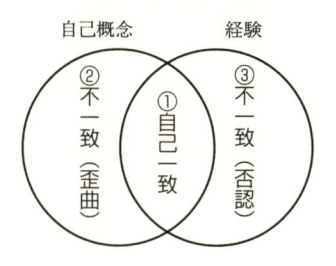

自己概念 ／ 経験
② 不一致（歪曲） ／ ① 自己一致 ／ ③ 不一致（否認）

適応と不適応 （前田, 1985より再構成）

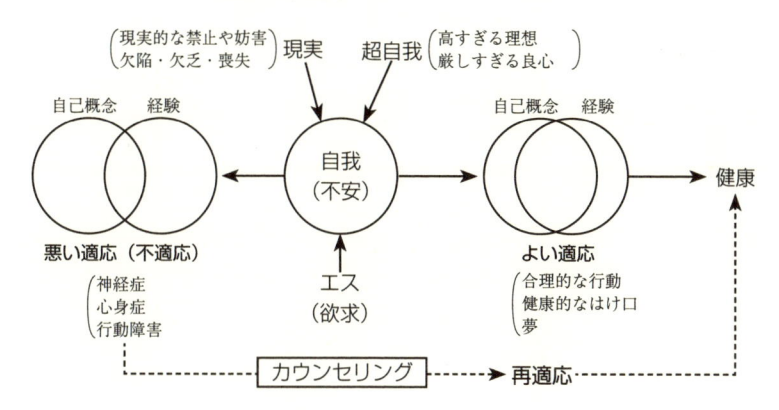

（現実的な禁止や妨害／欠陥・欠乏・喪失）現実　超自我（高すぎる理想／厳しすぎる良心）

自我（不安）　←　エス（欲求）

悪い適応（不適応）
自己概念　経験
神経症
心身症
行動障害

よい適応
自己概念　経験
合理的な行動
健康的なはけ口
夢

→ 健康

カウンセリング ----→ 再適応 ----↑

経験と自己概念のずれ——適応と不適応

　適応とは，個人をとりまく物理的社会的環境との間に起きる相互作用によって，欲求が満たされて，心身の機能が円滑に働いている状態をいう。そのためには，現実に経験していることと自分自身についての認識である**自己概念**が，ずれることなく一致している必要がある。どんな人でもある程度はこの両者にずれがみられ，①自己一致（ありのままの自分），②不一致・歪曲（思いこみの自分），③不一致・否認（受け入れられない自分）の３つの領域を抱えている。この経験と自己概念のずれが大きくなると，不安や葛藤，緊張が生じて，不適応状態に陥る。カウンセリングは，不適応状態にあるクライエントに対して，経験と自己概念のずれを小さくして自己一致を促し，再適応していけるように働きかける過程である。

自己概念：自分の性格や能力，身体的特徴などについての観念やイメージのことである。

カウンセリングの範囲（前田, 1986）

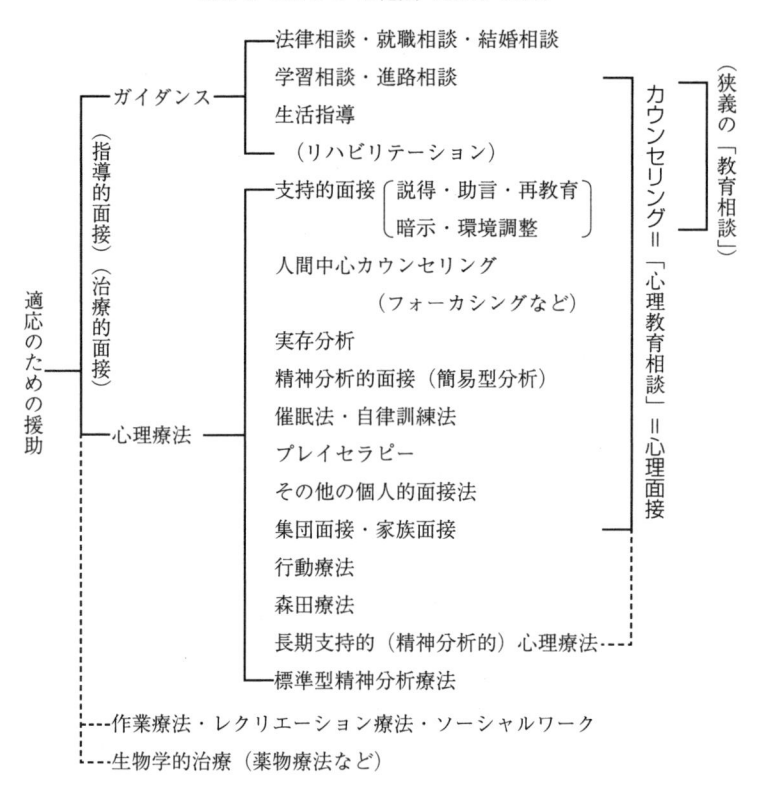

```
                    ┌─ 法律相談・就職相談・結婚相談
           ┌ガイダンス┤  学習相談・進路相談
           │        │  生活指導                    ┐
           │        └─（リハビリテーション）          │
 （指導的面接）                                      │
           │        ┌─ 支持的面接〔説得・助言・再教育〕 │
           │        │           〔暗示・環境調整  〕 │（狭義の
           │        │  人間中心カウンセリング         │「教育相談」）
適応のための│        │         （フォーカシングなど）   │
   援助    │        │  実存分析                     │カウンセリング＝
（治療的面接）│        │  精神分析的面接（簡易型分析）    │「心理教育相談」
           │        │  催眠法・自律訓練法             │＝心理面接
           └心理療法 ┤  プレイセラピー                │
                    │  その他の個人的面接法           │
                    │  集団面接・家族面接            ┘
                    │  行動療法
                    │  森田療法
                    │  長期支持的（精神分析的）心理療法……
                    └─ 標準型精神分析療法
       ┈┈ 作業療法・レクリエーション療法・ソーシャルワーク
       ┈┈ 生物学的治療（薬物療法など）
```

カウンセリングと心理療法

　カウンセリングは，心理療法と呼ばれるものと原理や方法について多くの共通点をもっているため，両者はほとんど同義に用いられている。カウンセリングは，基本的に健康ではあるが適応上の問題を持つ人を対象にして，個人の可能性を引き出し成長を促していくことにより問題の改善をはかろうとする。進路相談や就職相談など，相談内容によっては助言や情報提供を行うこともある（ガイダンス）。一方，心理療法は，抱えている心の問題や症状が比較的重い人を対象にして，パーソナリティの変化を促すことによりそれらを軽減しようとするものである。一般には，学校教育や心理相談機関ではカウンセリングと，医療機関では心理療法と呼ぶことが多い。

心理療法：精神分析，クライエント中心療法，行動療法の3つが現在の心理療法の大きな柱であるが，細かなものまで数えると数百にのぼるといわれる。

面接過程とそれぞれの段階での課題

導入期
・問題の理解
・面接契約
・動機づけ
・ラポールの形成

↓

展開期
・自己表現・自己理解・自己受容の促進
・問題・悩み・症状の軽減
・パーソナリティの変化

↓

終結期
・目標の達成度の確認
・現実生活での見通し

カウンセリングの流れ──面接過程

　カウンセリングは、おおまかに導入期・展開期・終結期に分けられる。導入期では、クライエントの話を聞きながら、その悩みや問題を理解し、同時に、ラポールを形成し、カウンセリングに対する動機づけを高める。また、面接の目標や進め方、時間・場所・料金などの面接の構造、秘密保持といった面接契約について確認する。展開期では、それまで形成されてきたラポールをもとに、クライエントの自己表現や自己理解が深まり、自己受容がなされる。それに伴って、悩みや症状が軽減し、パーソナリティに変化がみられる。終結期では、面接を振り返り、当初の目標がどの程度達成されたのかを確認し、クライエントとカウンセラーの合意にもとづいてカウンセリングを終結する。

面接契約：面接開始時にクライエントとカウンセラーとの間で取り交わされる取り決めであるが、これが後の両者の関係性や面接の展開を規定する。

心理的交流のレベル

①接触

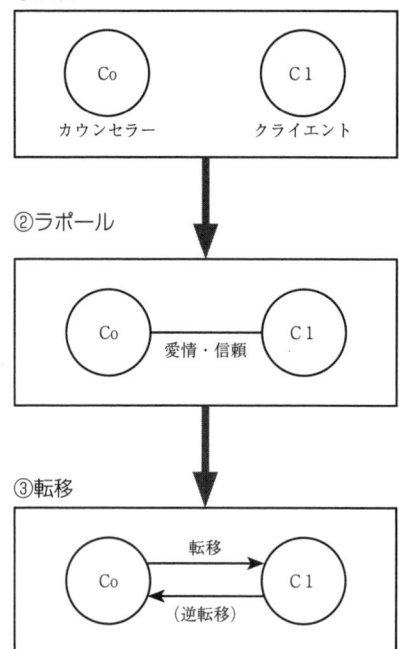

Co カウンセラー　Cl クライエント

「ともにいる」
面接場面で出会い，時間と空間をともにし，ある程度のコミュニケーションができる。

②ラポール

Co ── 愛情・信頼 ── Cl

「つながる」
互いに心を開き，理解し，信頼しあえる。クライエントは，面接が共同作業であることを理解する（目標の共有・協力的構え）。
・関係をもつ過程で生じる自信
・自己表現を通じての自己理解
・カウンセラーによる指導・再教育の取り入れ

③転移

Co ─転移→ Cl
   ←(逆転移)─

「かかわる」
過去または現在の人間関係のなかで重要な他者に対してくり返されてきた，自覚されていない態度（感情）がカウンセラーに向けられる。
・カウンセラーに向けられた感情の動きを通じての深い自己理解

クライエントとカウンセラーの関係

　クライエントとカウンセラーの心理的交流には，①接触している段階，②ラポールのとれている段階，③転移の生じている段階の3つのレベルがある。基本的には，面接過程を通じて徐々に①から③の段階へ両者の関係が深まっていく。学校や病院などの面接を行っている場所やクライエントの見立てに応じて，どのような関係をもとにしながら面接を進めていけばいいのか，考慮する必要がある。たとえば，クライエントのもつ悩みや問題が，パーソナリティの歪みや偏りから生じていると考えられるほど，より深い関係を基盤にしたカウンセリングが必要となる。

逆転移：クライエントに対して引き起こされるカウンセラーの感情反応であり，カウンセラー自身の抱える問題が反映される。

カウンセラーの基本的態度

①自己一致・純粋さ

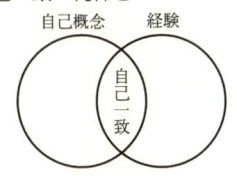

自己概念　経験
自己一致

・経験と自己概念のずれが小さい

②無条件の肯定的配慮・受容

カウンセラー　　　クライエント
　　肯定的配慮　→
　　←　受容

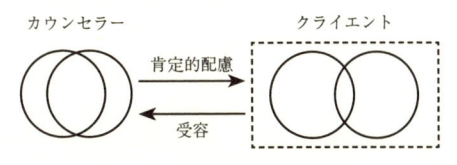

・クライエントを全体的で独自な個人として尊重し、受け入れる

③共感的理解

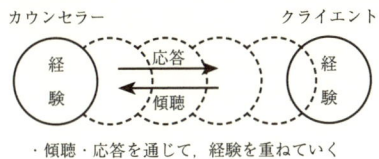

カウンセラー　　　クライエント
経験　応答→　経験
　　←傾聴

・傾聴・応答を通じて、経験を重ねていく

カウンセラーに必要な基本的態度

　カウンセラーが次の3つの条件を満たすような態度をとり続けることができると、クライエントが望ましい方向へと変化しやすくなる。①自己一致・純粋さとは、クライエントとの関係の中で生じる経験に即した自己概念を持っていること、つまり、ありのままの自分でいられることである。②無条件の肯定的配慮・受容とは、カウンセラーとしての気負いや期待、思い込み、価値観にとらわれずに、ありのままのクライエントを受け入れることである。③共感的理解とは、クライエントの経験や感情をあたかも自分のものであるかのように敏感に感じ取り、それをクライエントのわかる言葉で表現して、理解を伝えようとすることである。

カウンセラーの3つの態度条件：ロジャーズ(1966)が、クライエントが建設的に変化するために必要であるとした6条件のうち、カウンセラーに関するものである。

面接技法

①簡単な受容
▼ねらい　十分に尊重されているといった感じが生じて、自己表現が促される。
▼方法　じっくり落ち着いて、あいづちを声に出して、軽くうなずく。
▼例　「うむ」「なるほど」「そうですか」

②繰り返し
▼ねらい　傾聴され、理解されていることが感じられる。
▼方法　クライエントの表現したことのエッセンスをそのまま言葉で繰り返す。
▼例　「～ですね」

③感情の反射
▼ねらい　自分の感情を確認し、再吟味する。
▼方法　クライエントが表現した感情を伝え返す。
▼例　「～と感じるのですね」

④明確化
▼ねらい　クライエントの思考を方向づけて、問題の本質をわかりやすくする。
▼方法　あいまいな思考・感情・態度などをはっきりさせ、明瞭にわかりやすい言葉で伝える。
▼例　「つまり、思ったのは～ということですね」

⑤要約
▼ねらい　理解され受容されていることが伝わり、同時に、話のテーマが明確になる。
▼方法　それまで話された内容の本質的な部分を簡潔に整理して伝える。
▼例　「今、お話しされていた内容をまとめると～」

⑥一般的リード
▼ねらい　クライエント自身が会話の主導権を握っていると感じて、抵抗なく話が展開しやすい。
▼方法　もっと問題に立ち入って表明してもらったり、具体的な説明を求めたりする。
▼例　「それについてもう少し話してくれませんか」

⑦自己開示
▼ねらい　クライエントとの新たな関係を形成し、面接を展開させる。
▼方法　カウンセラー自身の感情や考えを伝える。
▼例　「今、こうしてお話を聞いていると、私自身、～と感じます」

カウンセリングの過程を深めるために――傾聴技法

　カウンセリングの基本は、クライエントが語ることを聴くことである。この傾聴の目的は、①クライエントの経験する世界（外的状況と内的現実）をできるだけ正確に理解すること、②カウンセラーが理解したことをクライエントにわかりやすい言葉で伝え返すこと、③このような傾聴と応答によって、肯定的な人間関係（ラポール）を形成し、安心できる場を提供することである。この中でクライエントは**体験過程**を深めていき、パーソナリティの変化が起きやすくなる。

体験過程：外部との相互作用により自己の内部で生じる体験の流れであり、複雑で言葉にならないような実感を伴い、主観的で具体的なものである。

学校教育・スクールカウンセリング・カウンセリングの比較（井上，2004）

	学校教育	スクールカウンセリング	カウンセリング
共通の目標	人として心理的により健康に成長できるように援助，指導する。		
目的と役割	教科指導と生徒指導により，知識や技能を修得させ，人格の健康な発達を促し，やがて社会人として自己実現がはかれるように成長を援助する。教授と指導。評価を伴う。学級を中心とした集団の重視。	いじめや不登校などの生徒の問題行動の対応にあたり，その改善を図る。また，校内の教育相談体制をつくり，カウンセリングの機能の充実を図る。	価値観にとらわれず，自由で中立的な立場から，クライエントの自己理解や洞察を促し，問題の解決または苦悩の軽減をはかり，人格の成長を援助する。共感的理解と受容。評価しない。クライエント1人ひとりを重視。
対象	大多数が心理的にほぼ健康なすべての生徒。	すべての生徒を対象とするが，その多くは学校での適応に問題を抱えている生徒。	種々の問題行動や不適応に陥っているクライエント。
関係の特徴	生徒と学級担任は互いに相手を選ぶ自由がなく，一定期間に限定された関係。	生徒はカウンセラーを選べないが，関係を結ぶかどうかは生徒の自由意志にもとづく。一定期間に限定された関係。	カウンセラーとクライエント相互の自由意志にもとづき，期間が限定されない関係。
場の特徴	学級，校内，校外，家庭など，場所も時間も開かれた場。日常生活に広く関与。	校内・勤務時間内に限定されるが，そのなかでは開かれた場。学校という日常生活の一部。	場所や時間があらかじめ合意により決められている閉じられた場。日常生活から切り離された非日常。

（一丸藤太郎，2002を参考に加筆・修正，スクールカウンセリングの欄は新たに作成）

学校でのカウンセリング

　学校では，教師を中心として教育活動が行われており，長い間，学校でのカウンセリングも教育相談として教師が行ってきた。1995（平成7）年度より文部省（現在の文部科学省）の事業としてスクールカウンセラーが配置されるようになり，中学校を中心に多くの学校で活動するようになった。その多くは，**臨床心理士**の資格を有している者である。スクールカウンセリングは，その目的や役割などから考えると学校教育とカウンセリングの中間に位置している。いじめや不登校などの児童生徒の問題行動に対して，学校生活での適応を促すことを目的としており，学校という枠組みのなかで教育活動の一環としてカウンセリングを行う。

臨床心理士：文部科学省所管の財団法人である日本臨床心理士会によって認められる資格で，2008（平成20）年度までに認定を受けた者は2万人弱にのぼる。

スクールカウンセラーの活動

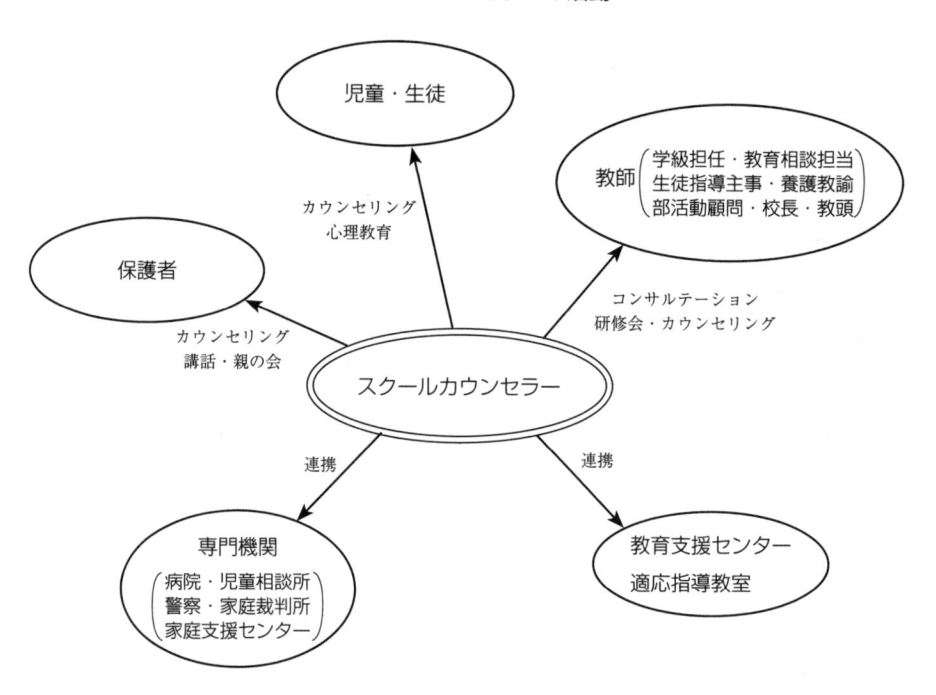

```
                児童・生徒
                   ↑
    保護者          │カウンセリング      教師（学級担任・教育相談担当
       ↖          │心理教育               生徒指導主事・養護教諭
         カウンセリング                     部活動顧問・校長・教頭）
         講話・親の会                ↗
                                コンサルテーション
              スクールカウンセラー    研修会・カウンセリング
           ↙連携          連携↘
    専門機関                教育支援センター
   （病院・児童相談所       適応指導教室
    警察・家庭裁判所
    家庭支援センター）
```

学校でのカウンセリングの専門家――スクールカウンセラー

　スクールカウンセラーは、学校におけるカウンセリング機能の充実をはかり、いじめや不登校などの児童・生徒の問題の対応に当たることを目的に配置されている。活動内容としては、①児童・生徒のカウンセリング、②保護者のカウンセリング、③教師の**コンサルテーション**、④児童・生徒の心理教育、⑤教師の研修、⑥教育相談の体制づくり、⑦専門機関との連携などがあげられる。このように、1対1のカウンセリングだけでなく、児童・生徒の適応につながる教育活動全般にわたって活動する。どのような活動に重点が置かれるかは、配置された学校の特徴によって異なる。

コンサルテーション：ある専門家が仕事上で自分の専門的知識では十分に対処できない時に、その領域の専門家に相談し助言を得ることをいう。

スクールカウンセラーの1日（ある中学校の例） （井上，2004）

時間	場所	対象	活動内容
3校時	職員室	教育相談主任	この1週間の生徒などの様子と今日1日の予定確認
4校時	特別教室	生徒	別室登校の生徒とおしゃべり
給食	教室	生徒	○年△組で生徒と一緒に給食
昼休み	相談室	生徒	数人の生徒が来室しておしゃべり
5校時	相談室	保護者	不登校生徒の親との継続カウンセリング
6校時	校内		時間が空いたため校内を歩いて生徒・教師の様子を観察
放課後	相談室	生徒	友達関係で悩む生徒とのカウンセリング
	職員室	学級担任	学級内で起きたいじめについてのコンサルテーション
夕方	会議室	保護者（PTA）	講話「思春期の子どもの理解と対応」
	職員室	教育相談主任	今日1日の活動の報告と生徒への対応について相談

スクールカウンセラーの活動の実際

　スクールカウンセラーは，ほとんどが非常勤勤務であり，たとえば週1日8時間勤務し，**単独校方式**もしくは**拠点校方式**をとっている。そのため，日常的に教育活動を行っている教師との連携を取りながら活動を進めることが必要となる。その具体的な活動としては，相談室でカウンセリングを行うばかりではなく，児童生徒とおしゃべりをしてコミュニケーションをはかったり，教師とも気軽に話をして意見交換をしたりする。そのような中から，児童生徒のカウンセリングや教師のコンサルテーションが始まることもある。児童生徒の問題への対応が必要になったときに，スムーズに援助できるように心がけながら，ふだんの活動を行うことが大切である。

単独校方式と拠点校方式：前者は1つの学校に定められた単位時間すべて勤務し，後者は1つの学校（拠点校）を中心に他の学校（対象校）へも勤務する。

構成的グループ・エンカウンターの一例『私はだあれ？』（國分・片野，1997を簡略化）

☆4〜5人で1グループを作る

インストラクション
「自分が将来やりたい職業についたとして，他の人からの質問に答えて，その職業を説明してください。プリントに，将来つきたい職業と，資格や給料などのその職業に関する情報を書いてください」

エクササイズ
「質問を受ける人の順番を決めてください。質問をする人は1回に1つの質問をします。それぞれの人が4回質問したところで，その人の職業はなにかを当ててください。質問を受けている人は，1つひとつの質問を，自分の回答とともにワークシートに書き留めてください。自分が考えた情報にない質問をされたときには，実際にその職業についているものと想定して回答してください」

シェアリング
「すべての人が終わったら，ワークシートを見て，自分が予想していなかった質問について話し合ってください。質問した人から，この質問に対する答えが良かったとか，もう少し説明してほしかったといったことを話し合ってください」

まとめ
「今日のエクササイズには，回答を通して自分を表現すること，また，友達からの質問によって自分の考えもしなかったことに気づくことが含まれていました。人と一緒に考えることは自分の考えを整理することにもなります。お互いに助け合いながら自分の進路を考えていってください」

人間関係づくりの試み──構成的グループ・エンカウンター

　学校でのカウンセリングでは，いじめや不登校などの児童生徒の問題行動に対して，事後に治療的に対応するだけでなく，事前の予防的・開発的な取り組みも積極的に行うことが求められる。このような心理教育として，構成的グループ・エンカウンター，ピア・サポート，ストレスマネジメントなどが実施されている。

エクササイズ：その目的として，自己理解・他者理解・自己受容・自己主張・信頼体験・感受性の促進が考えられる。

　構成的グループ・エンカウンターは，体験を通じた相互依存的な人間関係づくりを目的にして，**エクササイズ**（心理的な発達を促す課題）を実施して，その体験についてシェアリング（振り返りと分かち合い）を行う。エクササイズを選択することにより，目的に応じた体験を促すことができる。

14章 「スキル育て」による心育て
■認知行動療法による教育相談

認知行動療法（Cognitive Behavior Therapy）とは
発生要因よりも維持要因を
「認知・行動モデル」が支援を具体的にする
どんなふるまいにも意味・役割がある
過剰な恐がりが収まらないメカニズム
エクスポージャーで勇気を引き出す
心のつぶやきが気持ちを左右する
いやな気分の自己コントロールを高める
学校での積極的なスキル教育への応用

認知行動療法の3本柱と教育相談への応用

> 困った癖でなく適切な癖で世渡りしていくスキル
> "行動分析"の術：

ルール違反や自傷行為などのない生活習慣を獲得するために

> 工夫を凝らして苦手な場面にも慣れていくスキル
> "エクスポージャー"の術：

恐怖症，あがり症，学校や集団，トラウマへの不安を解消していく

> 心のなかの「つぶやき」をふり返り変えていくスキル
> "認知変容"の術：

イライラしやすい，自分に自信がもてない，思い込みなどの改善に

認知行動療法（Cognitive Behavior Therapy）とは

認知行動療法は，今日，世界中で広く実践されているカウンセリング（心理療法）手法の1つである。

医療の領域ばかりでなく，最近では福祉や教育の現場にも積極的に導入されている。問題をかかえる子ども本人，その家族，担当する教師等による日常的なかかわりを通して，具体的な改善に近づくための，いわば"知恵袋""道具箱"のような存在である。

子どもの心の問題については，「愛情不足や幼少時の心の傷」が原因だ，といったもっともらしい憶測が先行しがちである。しかし，事例の1つひとつに丁寧にあたれば，複数の要因が絡み合っていることがみえてくる。小さな変化のためのささやかな工夫が，子どもの可能性を広げていく。認知行動療法には，そのような小さな変化の積み重ねをすすめやすくする技法が豊富に用意されている。

> **認知行動療法：**
> 行動療法や行動変容，認知療法や論理情動療法，応用行動分析など，具体的でどちらかと言えば積極的に支援する心理カウンセリング・教育相談アプローチを包括した総称。

認知行動療法は解決志向なモデルにたつ

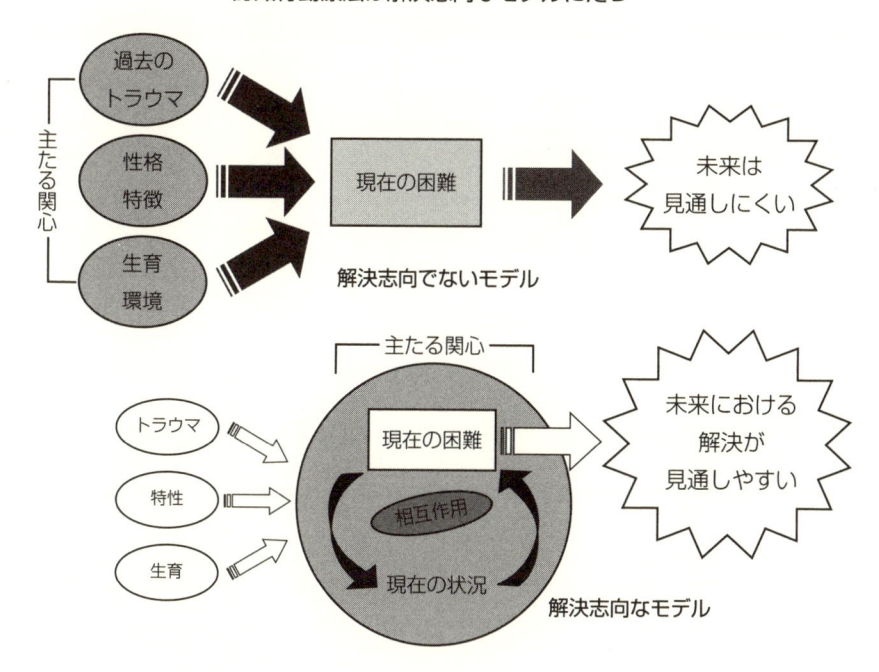

【解決志向でないモデル】
主たる関心：過去のトラウマ／性格特徴／生育環境 → 現在の困難 → 未来は見通しにくい

【解決志向なモデル】
主たる関心：現在の困難 ⇔ 現在の状況（相互作用）→ 未来における解決が見通しやすい
トラウマ／特性／生育 → 現在の困難

発生要因よりも維持要因を

　心の問題は，病理におかされた部位を取り除くようなかかわりでは解消されない。原因追求や悪者探し，事例にかかわるだれかの心のあり方を非難するばかりでは，改善に至らない。むしろ，悪化させてしまう。そのような実践も現場ではけっしてまれではない。

　むしろ，いつ，どのような場面で，どう「できない」のか，あるいはどう「してしまう」のか，それが，どのような結果を長・短期的にもたらしているのか，などを具体的にとらえていくことから援助を開始したい。問題がどこからやってきたのか，ではなく，「どうしてやまないのか」，つまり維持のメカニズムを，特定していく姿勢が必要となる。

　身近にあった，不登校が改善した事例をふり返ってみて欲しい。「原因の特定と除去」がその決め手になってはいないだろう。むしろ，良き循環が新たに形成された結果，ではないだろうか。

"見栄えのしない"しかしよくある不登校改善のきっかけ

不登校事例A：小4女子
きっかけ：小4進級直後，新担任が家庭訪問。マンガの話題で盛り上がる。不登校だった兄と姉もそれぞれ外に生活の場をみつける。両親も「自宅をつまらない場にする」作戦に協力。

不登校事例B：高1男子
（母子2人きりの家庭）
きっかけ：母親への暴力を知ったおじが家庭にやってきて，本人を恫喝。母親はカウンセラーから，「親が子どもに負い目を感じてばかりなのはいかがか」とアドバイスされる。

不登校事例C：中2男子
きっかけ：10月のある日，学校内の別室登校にさそわれ登校開始。そこで男子の友人ができ，就学旅行に誘われ，参加。その翌週から教室登校。

心のありようが劇的に変化した結果の再登校事例はむしろ少ない。

リストカット癖のある女子中学生における悪循環の例

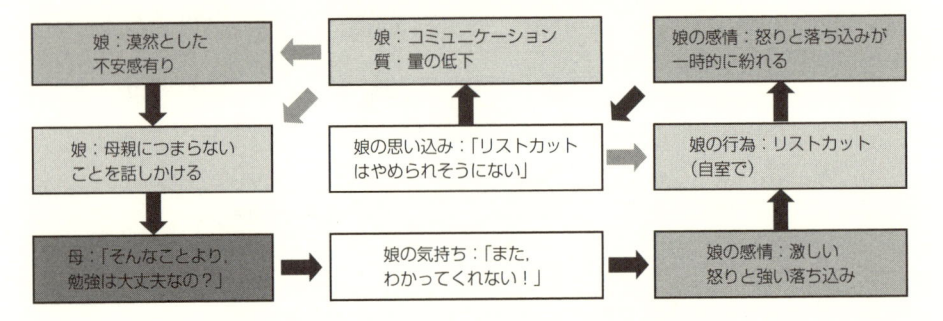

娘：漠然とした不安感有り → 娘：コミュニケーション質・量の低下 → 娘の感情：怒りと落ち込みが一時的に紛れる

娘：母親につまらないことを話しかける → 娘の思い込み：「リストカットはやめられそうにない」 → 娘の行為：リストカット（自室で）

母：「そんなことより，勉強は大丈夫なの？」 → 娘の気持ち：「また，わかってくれない！」 → 娘の感情：激しい怒りと強い落ち込み

解決努力：問題を解決改善しようという本人や周囲の努力が，かえって問題を維持・悪化させてしまう悪循環が，心の問題においては多いことが知られている。

「認知・行動モデル」が支援を具体的にする

「心の問題を心で説明するモデル」とは違って，「認知・行動モデル」には，人間ドラマ的なおもしろさやわかりやすさはない。しかし，「具体的解決策への近づきやすさ」がある。

図に示したように，問題行動発生の過程を，あたかも天井から観察するかのように記述することから出発するのが，「認知・行動モデル」の特徴である。ここにおいて「心」は，モノではなく，ふるまい（言動・行為），受けとめ（認知・思い込み），身体，感情からなる「流れ」としてとらえられることになる。

図には，母親とのちょっとしたすれ違いから，自傷につながってしまう生徒の心の流れを例示した。やはり母親が原因ということか，などと早合点しないで欲しい。「認知・行動モデル」の説明のための，1つの例である。安易に普遍化すべきではない。

授業中の問題行動の機能分析

（機能として等価で，かつ望ましい行動の発現を促す働きかけを工夫していく）

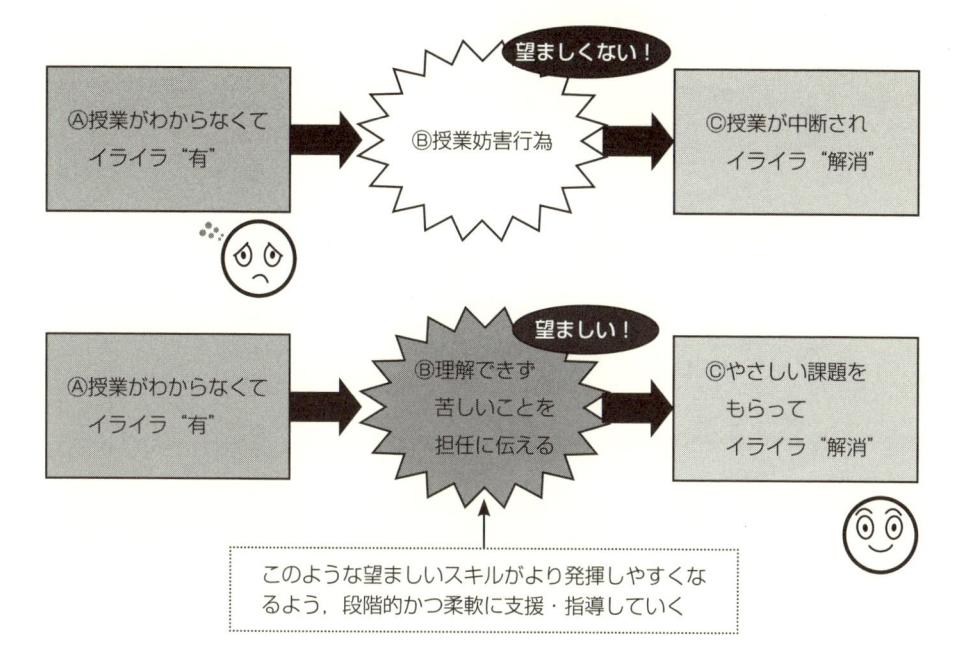

```
                            望ましくない！
Ⓐ授業がわからなくて  →  Ⓑ授業妨害行為  →  Ⓒ授業が中断され
  イライラ"有"                              イライラ"解消"

                            望ましい！
Ⓐ授業がわからなくて  →  Ⓑ理解できず    →  Ⓒやさしい課題を
  イライラ"有"            苦しいことを        もらって
                          担任に伝える        イライラ"解消"
```

このような望ましいスキルがより発揮しやすくなるよう，段階的かつ柔軟に支援・指導していく

どんなふるまいにも意味・役割がある

　授業中に勝手に歩き回る。このような行為にも，機能（役割・意味・目的などと同義）がある。繰り返される行為は，その場で「何らかの機能を果たしている」との前提に立ち，その機能を，できるだけ客観的なデータにもとづいてとらえ，対策をとる。

　問題言動のABC分析（機能分析）では，困ったふるまい（B）に先行する先行要因（A：外環境だけでなく本人の内側環境も含め），および，Bの後に生じる結果（C：外環境や本人の内側における変化）のつながり（随伴性）という枠組みでとらえるのが基本である。

　不安や緊張から生じる行為の問題も同じである。いかなる先行要因から不安が生じ，その表出によって周囲や本人がどう対応したか，の情報収集からかかわりのヒントがみつかる。

登校しぶり児によくある登校前の親子間の相互作用

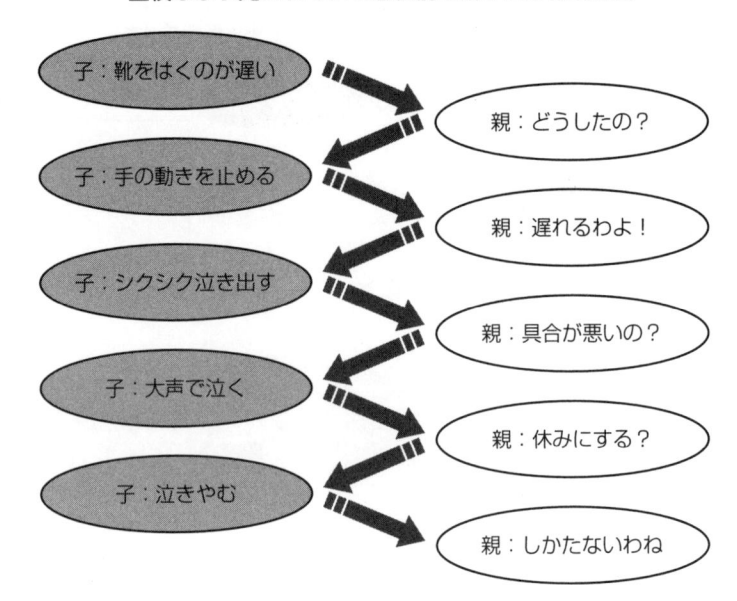

子：靴をはくのが遅い → 親：どうしたの？
子：手の動きを止める → 親：遅れるわよ！
子：シクシク泣き出す → 親：具合が悪いの？
子：大声で泣く → 親：休みにする？
子：泣きやむ → 親：しかたないわね

（例）互いにサインを送りあって"いつもの展開"が再現されている。子は学校を，親は子の"悲しみ"への直面を，それぞれ避けている。親がいつものパターンに気づき，避けている刺激にエクスポージャーされれば，それぞれが怖れている刺激対象に対する気持ちも変化するのだが……

過剰な恐がりが収まらないメカニズム

ある特定の対象を「怖れる」メカニズムそのものは，生き物として不可欠である。しかし，「怖れの程度が過剰となり」，「そのために意味のない努力をやめられない」になると，援助が必要になる。

「怖がる気持ち」と「避けるふるまい」は，俗に言うニワトリとタマゴのような関係にある。当の本人は「怖いから避ける」のだと自覚している。しかし，「いつも避けているから，いつまでも怖いまま」となってしまうのも事実である。避け続けることが，誰でも持っている「慣れ」のメカニズム発動を妨げている。

「徹底的に避け続ける」ための努力を，徐々に小さくしていく，あるいは思い切っていったん止めてみる（大幅に少なくしてみる），ことで，われわれ人間（動物すべて）が生得的に身につけている，「慣れて平気になる」メカニズムを働かせることができる。

回避学習：特定の状況や刺激を徹底して避け続ける習慣の学習のこと。恐れる必要のないことをいつまでも恐れ続けるという恐怖症パターンは，この特殊な学習のメカニズムによる。

14章 「スキル育て」による心育て　149

回避行動が習慣化され不安が解消されないメカニズム

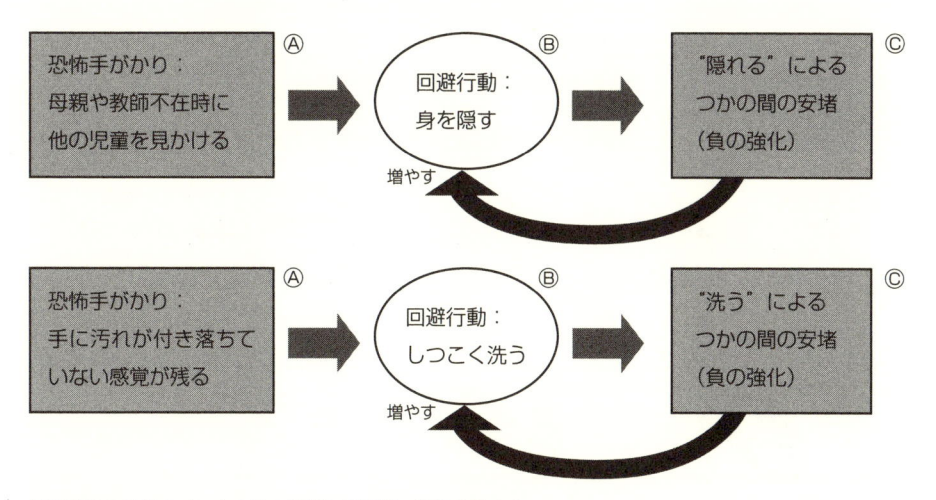

```
[恐怖手がかり:           Ⓐ  (回避行動:     )  Ⓑ  ["隠れる"による      ] Ⓒ
 母親や教師不在時に     →   身を隠す       →   つかの間の安堵
 他の児童を見かける]                              (負の強化)       ]
                              ↑
                            増やす ←――――――――――――

[恐怖手がかり:           Ⓐ  (回避行動:     )  Ⓑ  ["洗う"による        ] Ⓒ
 手に汚れが付き落ちて   →  しつこく洗う    →   つかの間の安堵
 いない感覚が残る]                                (負の強化)       ]
                              ↑
                            増やす ←――――――――――――
```

回避行動の直後の"つかの間の安堵"が回避の習慣を強める。
その結果，もともとの恐怖手がかりへの自然な"慣れ"が阻害されいつまでも怖いままになる。
※「負の強化」とは，行動前に存在していた不快が行動の後に消失することによって，その行動がさらに生じやすくなること。

エクスポージャーで勇気を引き出す

　エクスポージャー（曝露法）とは，主に「過剰な怖がりがあるために，本人あるいは家族に無意味な労力を強いてしまい，生活の質の低下をまねく」という心の問題（不安障害）のための心理学的な特効薬である。世界中の多くの専門家が，過剰な不安の問題に対して「最初に検討すべき心理学的援助技法」であると考えている。

　ある対象への接触をあらかじめ避ける行為は，回避行動とよばれる。このような回避のふる舞いは，一時的な安堵をもたらす反面，その対象への恐怖をいつまでも温存させる（つまり，慣れを生じない）という，深刻なデメリットをもつ。

　もともとエクスポージャーとは，生きている限り，その生活環境のなかで自然に起こることである。それを，心理的援助として，人工的・計画的にすすめるカウンセリング手法である。段階的に進める方法と，ある程度強い刺激に対して長い時間曝す方法がある。

> 段階的曝露：子どもに対するエクスポージャーは，通常段階的（徐々に接近する）がすすめられる。長時間の曝露は，改善効果は大きいが，実施するには，よりいっそうの慎重さが求められる。

認知モデルと自動思考（意識せずに浮かぶ考え）

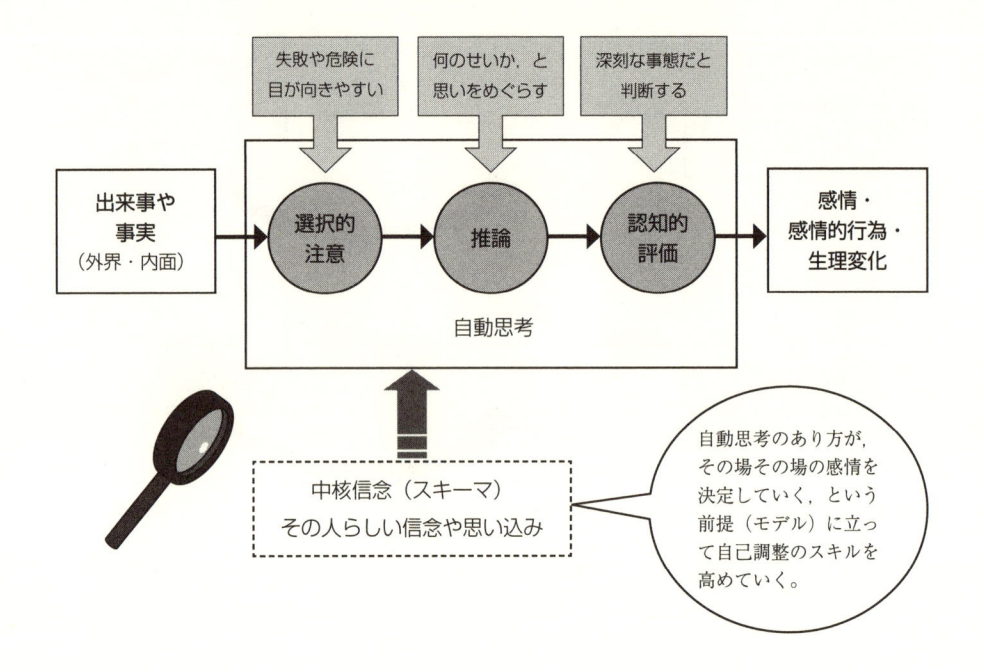

```
[出来事や事実] → [選択的注意] → [推論] → [認知的評価] → [感情・感情的行為・生理変化]
    (外界・内面)    ↑            ↑        ↑
              失敗や危険に   何のせいか，と  深刻な事態だと
              目が向きやすい  思いをめぐらす  判断する
                    （自動思考）
                         ↑
              中核信念（スキーマ）
              その人らしい信念や思い込み
```

自動思考のあり方が，その場その場の感情を決定していく，という前提（モデル）に立って自己調整のスキルを高めていく。

心のつぶやきが気持ちを左右する

言葉は，他人との意思疎通のためだけでなく，本人の頭のなかで，考えやふるまいをコントロールする役割も果たしている。

このような，自分自身に向けられた言葉・つぶやきは，ときとして心の不調を維持・増幅することがある。「どうせ自分はダメで価値のない人間だ（能力面あるいは，他者からの好かれやすさの面で）」とか，「自分の将来に良いことはなにもない」「世のなかは辛いことばかり」などがその代表である。実際には，言葉になるまえのイメージのようなもの，あるいは，ほとんど意識することがない思い込みや信念が働いていることも多い。

このほか，迷惑・トラブルを繰り返す人では，「他人は自分のために存在している」といった思い込みが働いていることもある。

自動思考：出来事に対応して意識せずに頭に浮かんでくる言葉やイメージのこと。同じ出来事でも人によって体験する感情が異なるのはこの自動思考の内容が異なるためである。

自分で自分の考えに気づき・変えていくためのコツ

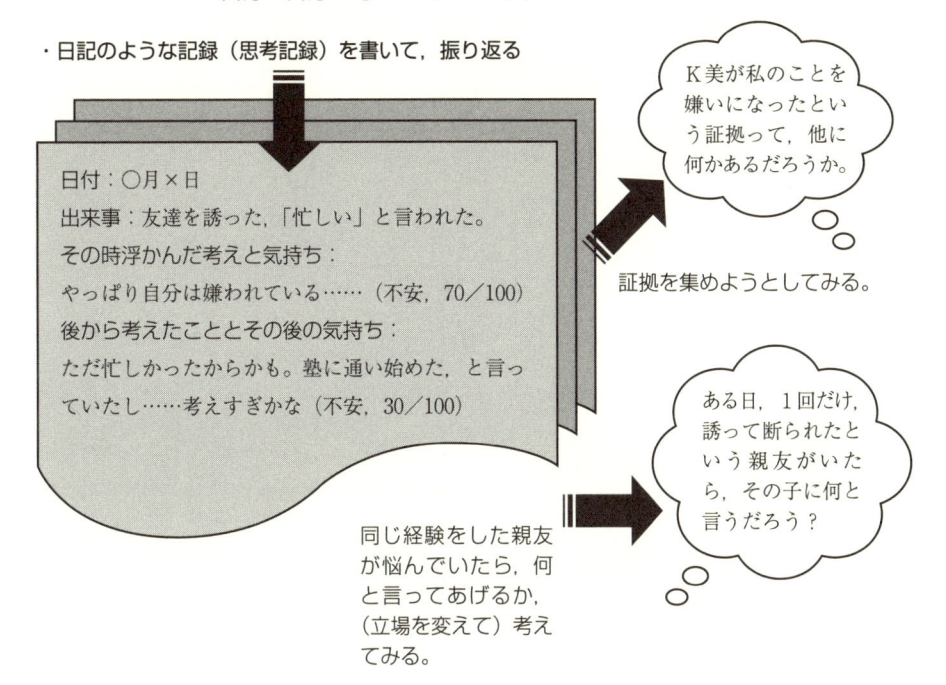

・日記のような記録（思考記録）を書いて，振り返る

日付：〇月×日
出来事：友達を誘った，「忙しい」と言われた。
その時浮かんだ考えと気持ち：
やっぱり自分は嫌われている……（不安, 70/100）
後から考えたこととその後の気持ち：
ただ忙しかったからかも。塾に通い始めた，と言っていたし……考えすぎかな（不安, 30/100）

> K美が私のことを嫌いになったという証拠って，他に何かあるだろうか。

証拠を集めようとしてみる。

> ある日，1回だけ，誘って断られたという親友がいたら，その子に何と言うだろう？

同じ経験をした親友が悩んでいたら，何と言ってあげるか，（立場を変えて）考えてみる。

いやな気分の自己コントロールを高める

　自分自身に向けられ，人のふるまいや感情に影響を及ぼしている言葉やイメージ，思い込みや信念のことを，まとめて認知と呼ぶ。認知行動療法には，このような認知を，しっかりと自分でとらえて，そのいきすぎたところに気づき，そしてそれを変容していくための手続きが，多数用意されている。

　相談者が援助対象の認知を変えたとしたら，それは説得や洗脳であって，カウンセリングではない。生活のなかで起こる自分の認知（自動思考とも）を，自分でとらえ，その場に適切なものへと調整するための術を，本人に身につけてもらう援助法もある。発達段階によって，進めやすさが異なるので万能ではないが，うまくゆけば，効果が長く維持する自己コントロール技法となる。

社会的スキル教育授業（小学校高学年）の例

授業のねらい：怒っている仲間の気持ちを受けとめ，適切に説得する仲間スキル
授業のおおまかな流れ：学年4クラス全児童がプレイルームに集まり，担当の教員グループの演技による寸劇（2本立て，それぞれ1～2分程度，前半が同じ展開で，ある子のあるスキルから，後の展開が良い雰囲気になる）を観る。その後各クラスに戻り，劇について話し合い，ロールプレイなどを行う。

劇その1の要旨：
貸した本に汚れを付けられたP香が，汚したS美に腹を立て，いじめようと，A子とB子にプレッシャーをかける。A子とB子はP香に逆らえず，ついS美にいじわるをしてしまう。

↕
劇の展開中の"間違い探し"が仲間スキルへの発見学習となる

劇その2の要旨：
貸した本に汚れを付けられたP香が，汚したS美に腹を立て，いじめようと，A子とB子にプレッシャーをかける。しかし，A子とB子は，P香に対してやんわりと説得する。

A子とB子のスキルが指導のポイントである。

A子：でも……S美だって，わざとしたわけじゃないし，それなのに，無視とかしたら，いじめになっちゃうよ。
B子：そうそう，それに，ほら，P香だって，私が前に貸した鉛筆，なくしちゃったことがあったでしょ。あれだって大切にしていたけど。
P香：2人とも，私と友達でなくなっても，いいのね。
A子：そうじゃないのよ。P香ともS美とも，みんなと仲良くしたいだけ。今回のことは許してあげようよ。
B子：そうそう。
P香：……（徐々に落ち着く）

学校での積極的なスキル教育への応用

　義務教育の目標は，子どもたちに，2つのスキルを身につけてもらうことにある。1つは学習指導による学習スキルであり，もう1つが生活指導による生活スキルである。生活スキルには，人間関係の形成や維持のためのスキル（社会的スキル），感情調整スキル，健康維持スキルなどが含まれる。

　生活スキルは，トラブルを繰り返す子どもへの特別な対応としてのみ，必要になるわけではない。最近では，すべての子どもの生活スキルを全体として高める介入も盛んに行われるようになった。たとえば，資料にあるような，2つの劇を見くらべてもらうことから展開する授業をきっかけとして，みんなが過ごしやすいクラス集団が形成され，不登校やいじめの抑制につながると期待されている。

周囲のスキル：問題行動（集団いじめをけしかける・キレる）を発揮する子にとらわれるのではなく，その周辺の子のスキル（なだめる・断る等）が，しばしば学校・学級経営には有効である。

15章 対人関係にアプローチする
■交流分析

自分の対人関係をふり返ろう──交流分析
コミュニケーションを円滑にするには──交流パターンの分析
相手の存在を認めるサイン──ストローク
人との交流の時間をどのように使うか──時間の構造化
私はOK──基本的構え
人を操作する感情──ラケット感情とラケット
またやってしまった──ゲーム

自分の対人関係をふり返ろう――交流分析

　生徒指導を進めるにあたって教師は，対象となる生徒や保護者を理解し，適切な配慮のもとで信頼関係を構築する必要がある。とかく指導的な立場に立つと相手が抱える問題を指摘し，変えさせようとしがちだが，これはコミュニケーションをこじれたものにする一因でもある。まず教師自身が自分のパーソナリティや対人関係のもち方の傾向をふり返り，より良いコミュニケーションをはかることが大切である。この章ではそうした立場から，バーンが提唱した交流分析の理論を紹介する。

　交流分析の特徴の1つが**自我状態**の概念である。自我状態は，親（P），成人（A），子ども（C）の3つに大別される。PとCにはいずれも幼少期の体験が影響しており，Cは幼少期の行動，思考，感

交流分析：バーンにより創始された人間行動に関する理論体系，およびそれに基づく治療技法。精神分析的な発想を背景に，行動理論やゲシュタルト技法が巧みに取り入れられている。

自我状態の機能

批判的な親： 厳格，偏見，威圧的 — CP
養育的な親： 保護的，救援的，甘やかし — NP
成人： 客観的，合理的，知性的 — A
自由な子ども： 感情的，直感的，創造的 — FC
順応した子ども： 感情抑制的，依存的，順応的 — AC

やったーっ!! 大っきいケーキ!

やったー ウチのクラスが一番だぞ!

情のパターンの再現であり，Pは養育者の行動，思考，感情のパターンを自分のものとして再現している状態である。これに対しAは，幼少期の経験にとらわれず，現在の状況に合理的に対処する行動，思考，感情のパターンである。われわれは状況によってこれら3つの自我状態のうちのいずれかにあることになる。どの自我状態にも適応的な側面とそうでない側面があり，どの自我状態が良いというものでもない。自我状態が状況に応じたものでなかったり，ある自我状態が使えなかったり，PあるいはCによってAの判断がゆがんだりすると問題が生じる。

デュセイは，各自我状態に配分されている心理的エネルギーの量を視覚的に表す方法としてエゴグラムを考案した。その後，質問紙法心理テストとしてのエゴグラムが開発され，広く用いられている。

自我状態：行動，思考，感情の一連のパターン。Pは，自分や他者に自分の価値観や道徳観に従った行動や感情を求めるなどする批判的親（CP）と，他者を思いやったりするなどの養育的親（NP）に分けられる。またCは，感情や欲求をありのままに表出するなどの自由な子ども（FC）と周囲の人からの要求に応えようとするなどの順応した子ども（AC）に分けられる。

3種類の交流パターン

相補交流

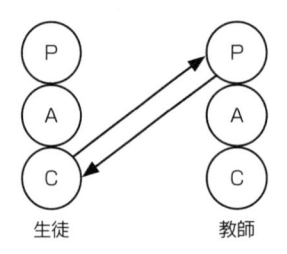

生徒：（甘えた口調で）「先生，ここ教えて」
教師：「自分で考えなさい！」

交叉交流

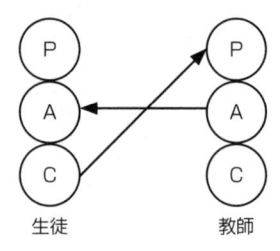

生徒：（甘えた口調で）「先生，ここ教えて」
教師：「君はどのように考えてみたの？」

裏面交流

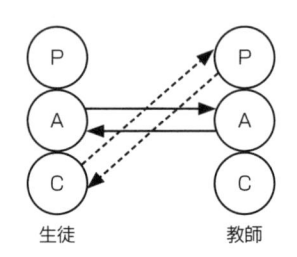

表面的
生徒：「先生，どうしたらうまくいくのでしょうか？」
教師：「何が原因か一緒に考えてみよう」

裏面的
生徒：「先生，困っているんです。助けてください」
教師：「よしよし，助けてあげるよ」

相補交流：1つの自我状態に向けられたメッセージに対し，受け手がその自我状態から発信元の自我状態にメッセージを返すタイプの交流。

交叉交流：受け手が，メッセージが向けられたのとは別の自我状態から送り手にメッセージを返すタイプの交流。

裏面交流：表面的，言語的レベルの交流とそれとは別な心理的，非言語的なレベルの交流が同時に存在するようなタイプの交流。

コミュニケーションを円滑にするには──交流パターンの分析

対人コミュニケーションパターンは，**相補交流**，**交叉交流**，**裏面交流**の3つに分類される。相補交流はやりとりがスムーズに進行するが，建設的でない会話が堂々めぐりすることもある。交叉交流がなされるとそれまでのやりとりがただちに途切れ，ギクシャクした感じをもつことがあるが，堂々めぐりを断ち切ったり，話題を転換したりするときには効果的である。裏面交流では言語的なメッセージよりも非言語的なメッセージの方が重要な意味をもっていることが多い。やりとりがうまくいっていないと感じたら，これらの交流の特徴を利用して交流パターンを変えてみるとよい。

ストロークの種類

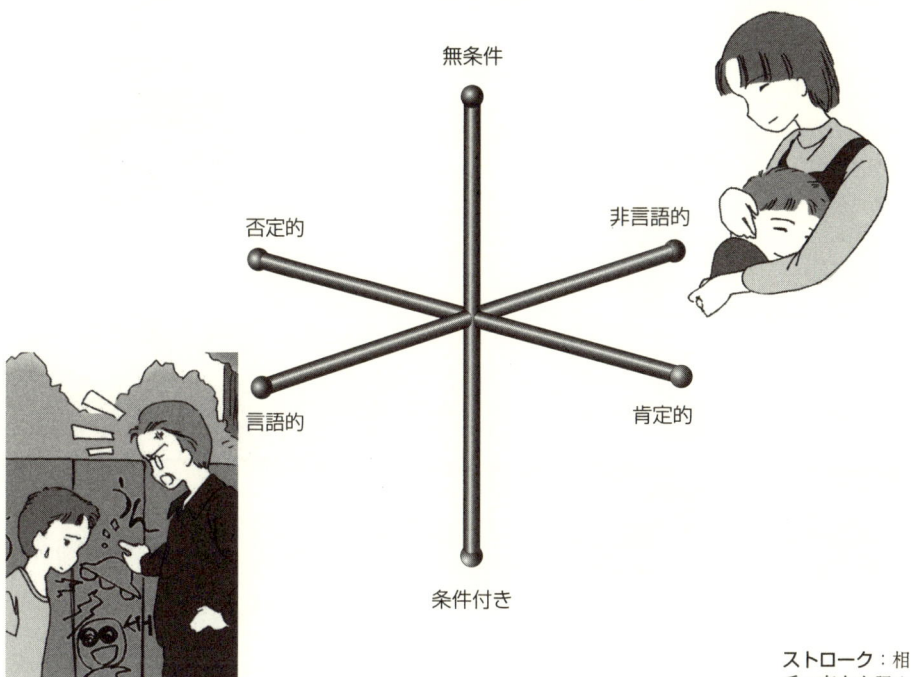

(図: 無条件―条件付き、否定的―肯定的、言語的―非言語的 の3軸)

相手の存在を認めるサイン——ストローク

　人と人とが交流するとき，言語的，非言語的なストロークが交換される。**ストローク**には**無条件のストローク**と**条件付きのストローク**の2種類があり，ほめる，賞賛するというような，与えられた人にとって快になるような肯定的なストロークのほかに，叱る，けなすというような与えられた人が不快になる否定的なストロークもある。人にはストロークの交換が必要であり，ストロークが不足すると，たとえそれが否定的なものであってもストロークを求めようとしてしまう。乳幼児期は養育者から効率的にストロークを得る手段を学習するが，それが相手や自分を不快にさせるようなやり方で，成長後も同じやり方でストロークを得ようとすると，対人関係上の問題を引き起こしやすい。

ストローク：相手の存在を認めていることを示す言語的，非言語的なサイン。

無条件のストローク：「あなたは素敵だ」とか「お前はだめなやつだ」というように相手の存在そのものについて肯定したり否定したりするようなストローク。

条件付きのストローク：相手の能力や特性について肯定したり否定したりするようなストローク。

158　Ⅳ部　解決策

時間の構造化

- 引きこもり
  1人でいる
- 儀式
  決まりきったやりとり
- ひまつぶし
  あたりさわりのない会話
- 活動
  共通の目的に向かうやりとり
- ゲーム
  いやな感じで終わるやりとり
- 親密さ
  信頼関係にもとづくやりとり

人との交流の時間をどのように使うか——時間の構造化

「友だちとのつき合いがうわべだけのように思える」ことを悩む生徒がいる。この状況を**時間の構造化**という観点から考えてみよう。他者とのコミュニケーションに使われる時間は構造化のされ方によって図のような6種類の様式に分類される。このときに交換されるストロークの量は「引きこもり」から「親密さ」に進むにつれて多くなり、人と接することにより得られる満足感や充実感が増す。冒頭の生徒のような場合、相手から拒絶されたり、思わぬ反応が返ってきたりすることを恐れて、友人と一緒にいる時間を「儀式」や「ひまつぶし」によって構造化しているのかもしれない。もしこの生徒が現状を変えたいと望むならば、「ゲーム」以外のより多くのストロークが交換される様式で時間を構造化することを考えてみるとよい。

時間の構造化：他者との時間をどのように過ごすかの様式。引きこもり、儀式、ひまつぶし、活動、ゲーム、親密さの6つがある。

私は OK──基本的構え

交流分析では、幼少期のうちに「自分はこのように人生を送ろう」という青写真を描き、無意識のうちにそれに沿った生き方をするという考え方をとる。その1つに基本的構えという概念がある。これは養育者からの働きかけのなかに自分の存在についてのメッセージを読み取り、自己と他者についての構えを決めてしまうというものである。基本的構えには図に示すような4つのパターンがある。ここで重要なのは、養育者がどのような働きかけをしたかよりも、子どもがそれをどのように受け取ったかの方が意味をもつことである。このことは、もし幼少期に自己あるいは他者あるいはその両方について否定的な構えを築いたとしても、それは後に修正することが可能であることを意味する。

ラケット感情の成り立ち

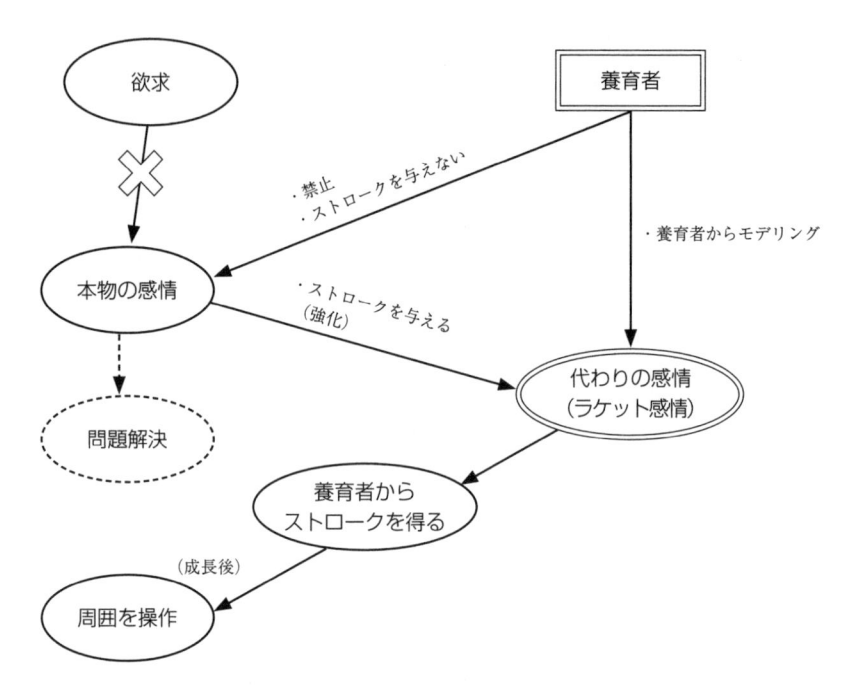

```
      欲求                    養育者
       │                    ┌──┴──┐
       ✕         ・禁止      │     │
       │      ・ストロークを与えない │
       ▼                ╲    │     │
   本物の感情 ◀─────────────   │  ・養育者からモデリング
       │     ・ストロークを与える  │     │
       │        （強化）          │     │
       ▼                    ▼     ▼
   ┌ ─ ─ ─ ┐          代わりの感情
   │問題解決│         （ラケット感情）
   └ ─ ─ ─ ┘                │
                            ▼
                        養育者から
                       ストロークを得る
                            │
                  （成長後） │
                            ▼
                         周囲を操作
```

人を操作する感情──ラケット感情とラケット

　なにかが思い通りにいかないときなどに，どんな感情を経験するだろうか。だれかにやつあたりをしたくなったり，追い詰められた感じがしたりするかもしれない。交流分析ではこういうときに経験する感情について，直面している問題の合理的な解決に役立つ「本物の感情」と，問題解決につながらない感情である「ラケット感情」とを区別する。ラケット感情は幼少期の養育者との関係に起源があり，養育者から本物の感情を示すことを禁じられたり，示しても必要な解決策を提供してもらえなかったりすると，養育者を操作するのにもっとも有効な他の感情をラケット感情として身につける。

　幼少期に相手を操作してストロークを引き出したり，自分の基本的構えを確認したりする手段としてラケット感情を身につけると，

ラケットの例

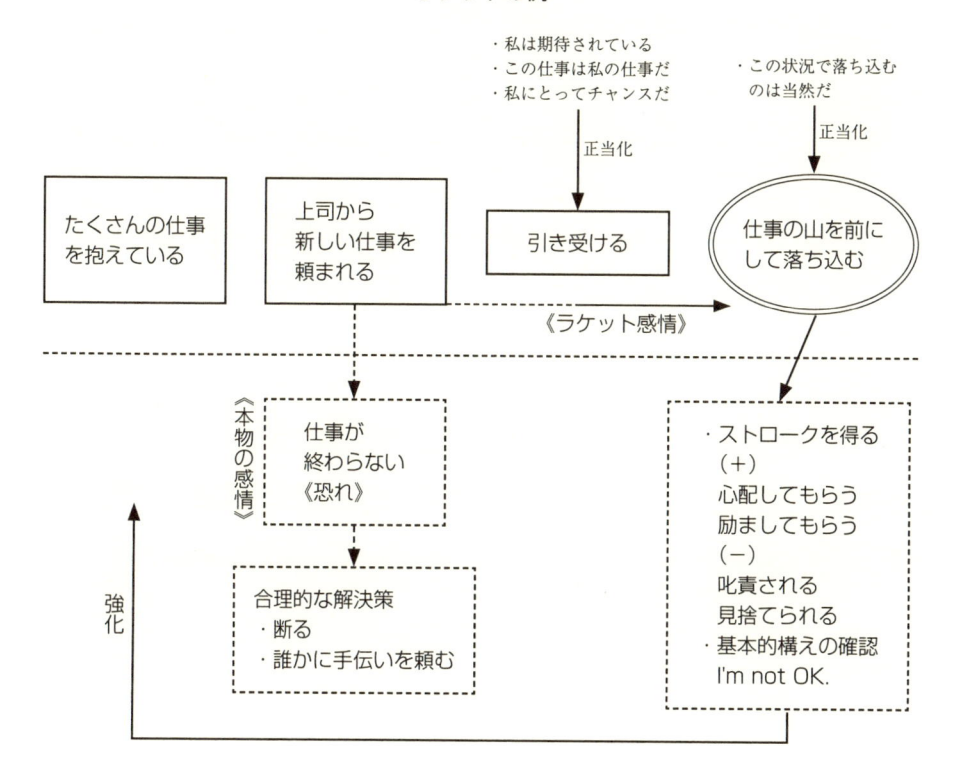

```
                              ・私は期待されている        ・この状況で落ち込む
                              ・この仕事は私の仕事だ      のは当然だ
                              ・私にとってチャンスだ
                                      ↓ 正当化           ↓ 正当化

┌──────────┐  ┌──────────┐   ┌──────────┐    ╱──────────╲
│たくさんの仕事│  │上司から      │   │引き受ける │    │仕事の山を前 │
│を抱えている  │  │新しい仕事を  │   │          │    │にして落ち込む│
│            │  │頼まれる      │   │          │    ╲──────────╱
└──────────┘  └──────────┘   └──────────┘
                                     《ラケット感情》
─ ─ ─ ─ ─ ─ ─ ─ ─ ─ ─ ─ ─ ─ ─ ─ ─ ─ ─ ─ ─ ─ ─ ─ ─ ─ ─ ─ ─
              ┌──────────┐                   ┌──────────────┐
         《本  │仕事が        │                   │・ストロークを得る│
         物   │終わらない    │                   │ (＋)           │
         の   │《恐れ》      │                   │ 心配してもらう  │
         感   └──────────┘                   │ 励ましてもらう  │
         情》       ↓                          │ (－)           │
              ┌──────────┐                   │ 叱責される      │
   ↑         │合理的な解決策│                   │ 見捨てられる    │
   強        │・断る        │                   │・基本的構えの確認│
   化        │・誰かに手伝いを頼む│              │ I'm not OK.    │
   │         └──────────┘                   └──────────────┘
   └──────────────────────────────────────┘
```

成長したあとも，たとえそれが適応的でないとしても，同じやり方を繰り返そうとする。その一連の行動のことを「ラケット」という。ラケットの入り口では，自分がラケット感情を味わうためのおぜん立てをしているということに気がつかない。図の例では，その仕事が自分でこなせない量だということを判断することも，相手の機嫌を損ねないように断ることもできたはずである。しかし，その場ではそのことに気づかず，なにがしかの理由をつけて「引き受けないわけにはいかない」と正当化される。また，最後に味わう「落ち込んだ感じ」が不合理なこととは認識されず，むしろいつも味わう自然な感情だと思えてしまう。こうしたパターンに気づき，これを変えることで，より建設的な問題解決が期待できる。

ゲームの例

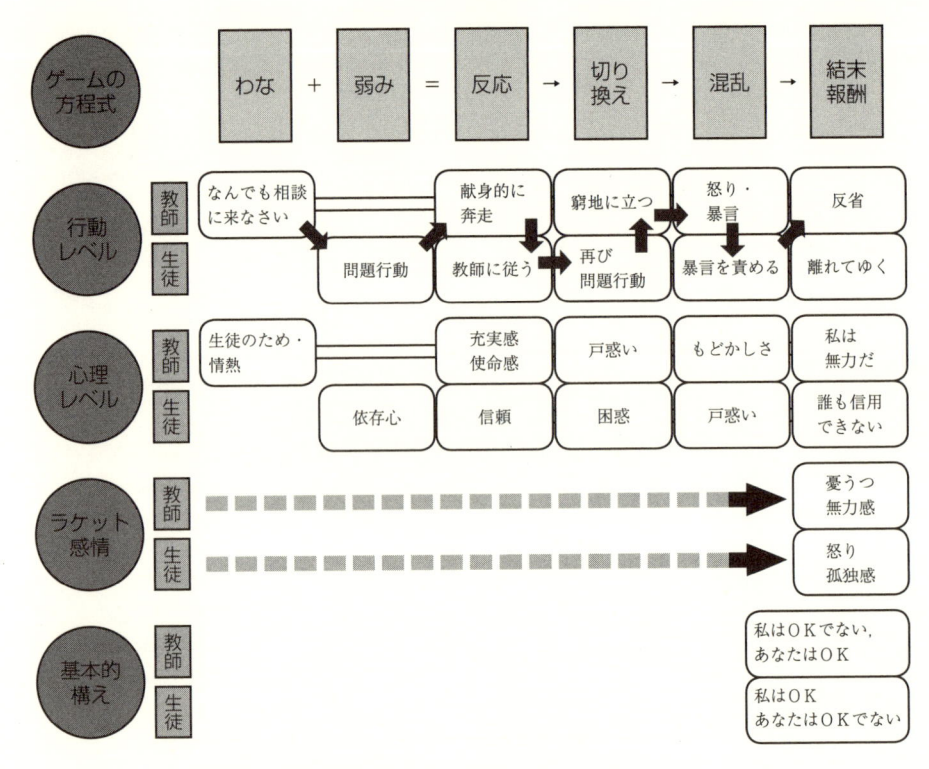

ゲームの方程式	わな	+	弱み	=	反応	→	切り換え	→	混乱	→	結末報酬

行動レベル	教師	なんでも相談に来なさい		献身的に奔走		窮地に立つ		怒り・暴言	反省
	生徒		問題行動		教師に従う	再び問題行動		暴言を責める	離れてゆく
心理レベル	教師	生徒のため・情熱		充実感使命感		戸惑い		もどかしさ	私は無力だ
	生徒			依存心	信頼	困惑		戸惑い	誰も信用できない
ラケット感情	教師	----------→							憂うつ無力感
	生徒	----------→							怒り孤独感
基本的構え	教師								私はOKでない，あなたはOK
	生徒								私はOKあなたはOKでない

またやってしまった——ゲーム

ラケットと同様に，ラケット感情を味わうために繰り返される一連のパターンにゲームがある。ゲームは時間の構造化の様式の1つで，その過程でたくさんのストロークが交換される。気づかないまま進行し，最後にラケット感情を味わい，「またやってしまった！」と後味の悪い思いをするのはラケットと同じだが，違いは途中で役割の切り換えと混乱が生じることである。カープマンは，ゲームの参加者の役割を「迫害者」「被害者」「救済者」とするドラマ三角形を提唱した。ゲームの参加者はこれら3つの役割のいずれかをとっており，ゲームの過程で役割の交代が繰り返されている限りゲームは続く。誰かがこの三角形に気づき，自分の役割を放棄するか，次の役割をとらないことが問題の解決につながる。

ゲームの方程式：バーンはゲームを仕掛ける人が，弱みをもった人を誘い込み，当初はうまくいくが，役割の切り換えから混乱が生じ結末に至るというゲームの進行過程をゲームの方程式として整理した。

16章 「心」の深層をさぐる
■分析心理療法，箱庭療法

深層心理学における「心」の構造──意識と無意識
個性化(自己実現)の過程を駆動する「自己(セルフ)」
ユングのタイプ論（類型論）
ままならぬ人間の「心」──言語連想検査とコンプレックス
コンプレックスとはなにか
イメージが人を動かす
イメージと心的エネルギーの流れ──退行と象徴(シンボル)形成
分析心理療法における治療者の態度──「影の世界」に耳を傾ける
箱庭療法とは──砂箱に表現し癒される

ユングの「心」の構造（河合，1977）

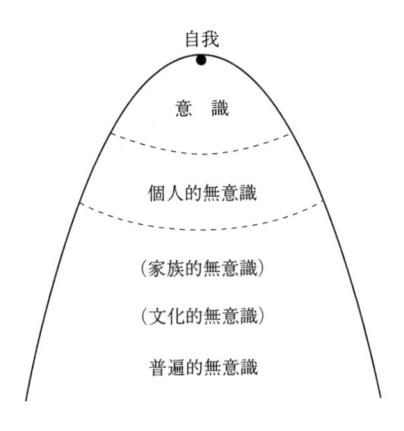

```
        自我
         ●
        意識
     ────────
     個人的無意識
   ─ ─ ─ ─ ─ ─ ─
    （家族的無意識）
    （文化的無意識）
     普遍的無意識
```

深層心理学における「心」の構造──意識と無意識

　フロイトの精神分析学やユングの分析心理学などは総称して深層心理学と呼ばれるが，この深層心理学では，人間の心にはわれわれが普段意識している面だけでなく，一般的には意識していない（あるいは簡単には意識できない）面つまり「無意識」の領域が存在し，人間行動の理解のためには，この「無意識」概念の探求がきわめて重要であると考えている。ただ精神分析の創始者であるフロイトの無意識が個人的なものであるのに対して，ユングはさらに個人的な経験を超えた，人類全般にさえ普遍的な無意識（普遍的無意識）という考えを仮定している。

「心」の構造—自我と自己 (河合, 1967)

（図：球体の上部に「自我」と「意識」、中心に「自己」と記された図）

個性化（自己実現）の過程を駆動する「自己（セルフ）」

　ユング心理学では，人格にある程度の安定性・統合性を与え現実検討等の機能をもつ，意識の中心を「自我（エゴ）」と呼ぶ。しかしこの自我の考えと相補的なものとして，ユング心理学でとくに重視されるのが，意識・無意識とを含んだ心全体の中心，すなわち「自己（セルフ）」の考えである。これは，その時の安定性・統合性（ときには現実適応）を崩してさえ，その人をより高次の方向（よりその人らしくなる，個人に内在する可能性を実現させる方向）へと進ませる，個性化（自己実現）傾向の根源となるものとされている。ユングの分析心理療法では，この流れを最大限に重視して進められるといっても過言ではない概念である。

4つの心理機能の一例（河合，1967）

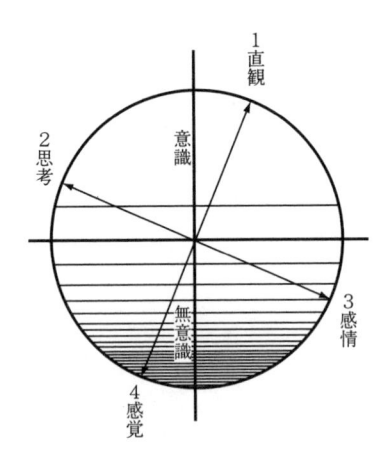

[図：円の中に十字の軸。上半分が「意識」、下半分が「無意識」。1 直観（右上）、2 思考（左上）、3 感情（右下）、4 感覚（左下）]

ユングのタイプ論（類型論）

　ユング心理学では，人格に関して以下のタイプ論を考えるが，これは人間を固定的にあるタイプに特定するのでなく，個性化（自己実現）へ向かう流れのなかで，意識的と無意識的な面との相補的でダイナミックな関係性を重視し，人格の変容の可能性に開かれているものである。ユングはまず人格を「一般的態度」の点から①内向的（関心が内界の主観的要因に重きを置く人），②外向的（関心が外界の事物・人に向く人）に分類，また個人がもっとも得意とする「心理機能」の点から①思考（まず考える），②感情（まず快不快や好き嫌いで判断），③感覚（まず形・色等を把握），④直観（その物と別の事が思い付く・閃く）に分類，最終的に以上2つの「一般的態度」と4つの「心理機能」を組み合わせ，8タイプができるとした。上図（河合，1967）はある人の4つの「心理機能」の状態だが，意識領域で一番高い直観機能をまず頼りとし（主機能），思考機能を補助とし，まだ未分化な感覚機能（劣等機能）を徐々に発展させつつあると考えるのである。

言語連想の一例（河合，1977）

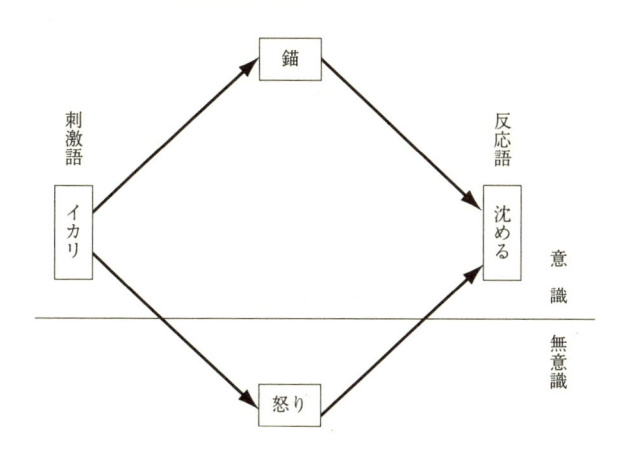

```
           錨
刺        ↗ ↘      反
激       ↗   ↘     応
語  イカリ    沈める  語
         ↘   ↗
          ↘ ↗     意　識
─────────────────────
                  無意識
          怒り
```

ままならぬ人間の「心」——言語連想検査とコンプレックス

　人間は，頭で知的にはすべき行動がわかっていても，どうしてもできなかったり，逆に衝動的にしてしまったりすることがある。ユングは，このようなままならぬ人間の「心」に関し，まず感情的・情動的な要因に着目し，臨床的な視点から言語連想検査を用い，簡単な言語の連想の時間的遅れから，コンプレックス（元は「感情によって色づけられたコンプレックス（心的複合体）」，詳細は次頁）に起因すると考えた。この言語連想検査は定められた100刺激語を1つずつ順番に読み上げ，そのつど思い付く単語を1つだけできるだけ早く言ってもらい，検査者はストップウォッチで反応語と反応時間を記録するもので，われわれの無意識に存在するコンプレックスを教えてくれる方法である。上図は，言語連想への反応遅れの内面メカニズムの一例（河合，1977）である。ある人が「イカリ」の刺激語に「沈める」と反応するまで長い時間がかかった。この人は「錨」に対し「沈める」と反応したのだが，後の内省のときそれが「怒りを沈める」ことにも通じ，自分がこの点に問題をもつことを発見したというのである。

恐怖感情により結合したコンプレックス（河合，1977）

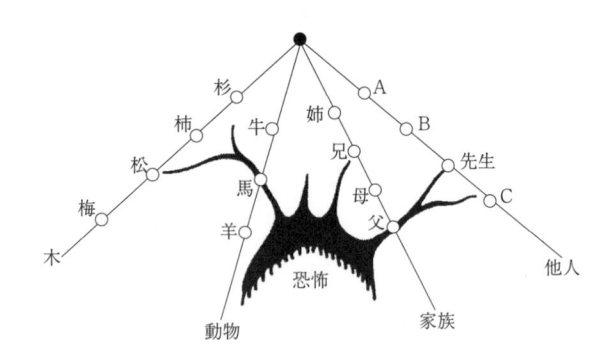

コンプレックスとはなにか

　人間は，ある対象に強い感情的こだわりがあると，意識のスムーズな働きや連想の流れが妨害される。つまりコンプレックスは，一種の強い感情的なこだわりと密接に関係するのだが，では一体どのように形成されていくのだろうか。河合（1977）は，このことについて上図の例を示し解説している。つまり意識では動物，家族，木等の概念で知的に分類していても，この人が馬に蹴られた恐ろしい経験をもち，同時に父親も恐ろしい人であるとき，知的には結合しない父親と馬が，恐怖という感情で結びついてしまう。さらに馬がつながれた松の木や，父親と似た髭のある先生に，と関連づけられ結びついていく。この連結の強度が増すと，松の木で不快になり，優しい先生を怖がったりし，一見すると常識を外れた奇異な行動にみられる。このようにして無意識内に形成された，なんらかの感情によって結合されている心的内容の集まりを，「感情によって色づけられたコンプレックス」つまりコンプレックスと呼ぶのである。

イメージの投影（河合，1977）

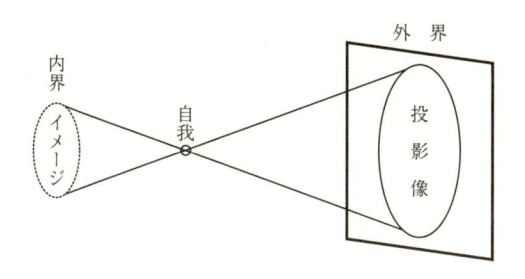

[図：内界のイメージから自我を通して外界に投影像が映る様子を示す図]

イメージと概念の関係（河合，1967）

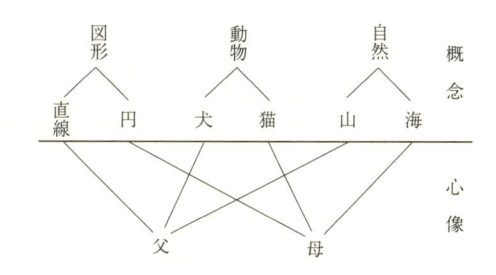

[図：概念（図形：直線・円、動物：犬・猫、自然：山・海）と心像（父・母）の関係を示す図]

イメージが人を動かす

　分析心理療法では，とくにイメージ（心像ともいう）を重視する。これは物理的外界の模造（知覚対象がない場合に生ずる視覚像）というより，むしろ心の内的な活動にもとづき，外的な現実とは意識を介して間接的関係しかもたない主に無意識から生み出されたものと考える。たとえば青年期を迎え自立し始めた子どもにとって，心の内部に自立を妨げる否定的な母親像のイメージが形成され，そのイメージは現実の母親へと投影され，彼にはひどい母親が「真実」のこととして，強く反抗などの行動が惹起されるのである。またイメージと理念・概念の関係では，イメージ（心像）は概念の生まれる母胎としていくつかの概念と繋がり，非合理だが豊かな生命力をもっている。このようにイメージは，特性として自律性，具象性，集約性（多義性），直接性をもってわれわれ人間に強く働きかけてくるのである。

心的エネルギーの流れ（河合，1977）

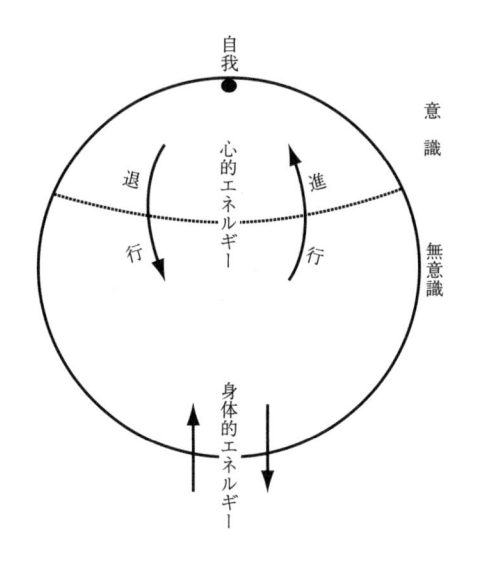

図中のラベル：自我、意識、無意識、退行、進行、心的エネルギー、身体的エネルギー

イメージと心的エネルギーの流れ——退行と象徴（シンボル）形成

　分析心理学では，物理学のエネルギー論と同様な考えから，心的エネルギーなる概念を用い，意識無意識の問題を説明する。心的エネルギーは，絶えず流動し退行（意識から無意識へ向かうとき），進行（無意識から意識へ向かうとき）を適当に繰り返すが，ときにこの流れが停滞してしまう（神経症や発明発見など創造的仕事の直前など）。なにかのきっかけで相反する2つの傾向が意識され，自我が一方だけでなく両方に関与することになると，心的エネルギーは無意識へと退行し，そこで無意識の活動が活発化する（自我へのエネルギーは制限されるので現実適応困難などを生じる）。ここで自我が耐えていると，相反する傾向が統合された創造的な「象徴（シンボル）」が形成され顕れ，再びエネルギーは進行し自我に流れるようになることがある。この流れでいえば，退行し流れを滞留されていた心的エネルギーが，象徴（シンボル）を形成し，再び進行し自我にエネルギーが流れる，この全過程に（夢や箱庭・描画表現などのイメージを通して）かかわっていくのが，分析心理療法の特徴なのである。

「影の世界」に対する防衛（大場，2002）

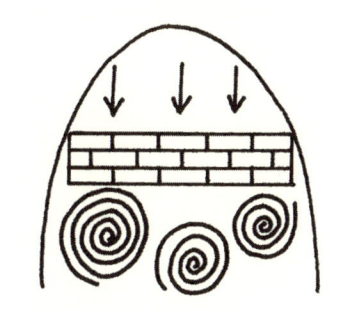

「影の世界」に耳を傾ける（大場，2002）

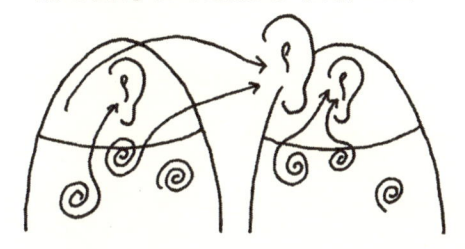

分析心理療法における治療者の態度──「影の世界」に耳を傾ける

　分析心理療法は象徴形成の過程を共に歩むものともいえる。1人だけでは危険で困難なこの苦しいプロセスをやり抜くには，マラソンと同様に同伴者（内的同伴者でも良い）がかたわらに居ることが望ましい。また同伴者である治療者セラピストにも，同伴者としてふさわしい人格要因（無意識も含む態度や姿勢）がある。たとえば自身もある程度この苦しい過程と伴走経験（専門家としてのトレーニング等）をもち，自他ともに向けて，一見ネガティブなものの背後に内在する未知の可能性に開かれた態度をもっている等である。「耳を傾ける」という傾聴姿勢がカウンセリング研修などで強調されるが，まずはセラピスト自身が自分のなかの認めたくもかかわりたくもない「影の世界」に開かれ，「耳を傾ける」心理的姿勢が重要である。クライエントはセラピスト自身のこの姿勢に支えられ，防壁で隔絶していた「影の世界」に少しずつ「耳を傾け」ていけるようになるのである。

箱庭療法とは——砂箱に表現し癒される

　夢分析とは別に，分析心理療法で用いられる技法に，箱庭療法がある。これは，カルフが始めたもので，内法57×72×7（cm）で内側を青く塗った箱（砂を掘ると水が出てくる感じを出すため）に，砂が数cm程度しいてあるもの（砂箱）を用意し，この砂箱の中で，棚などに配置したさまざまな種類の人物や動物，乗り物等々のミニチュアを使って，言葉では表しがたいイメージや今の感じ等の内面を表現してもらうのである。この際，箱庭を制作する人にとっても，カウンセラー（セラピスト）との2人のその場が，「母子一体性」の感じや「自由で保護された空間」として感じられていることが，決定的に重要である。箱庭にミニチュアを置いていくプロセスに加え，できあがった作品を，セラピストと共に味わう作業も，深い心の傷つきの癒しには不可欠の内的作業となるのである。

17章 ストレスとの付き合い方を支援する
■ストレスマネジメント教育

ストレスマネジメント教育とは？
第1ステージ：ストレスについて理解する
第2ステージ：自分のストレスに気付く
第3ステージ：ストレス対処法を習得する
ストレスマネジメント教育の効用

ストレスマネジメント教育の位置付け

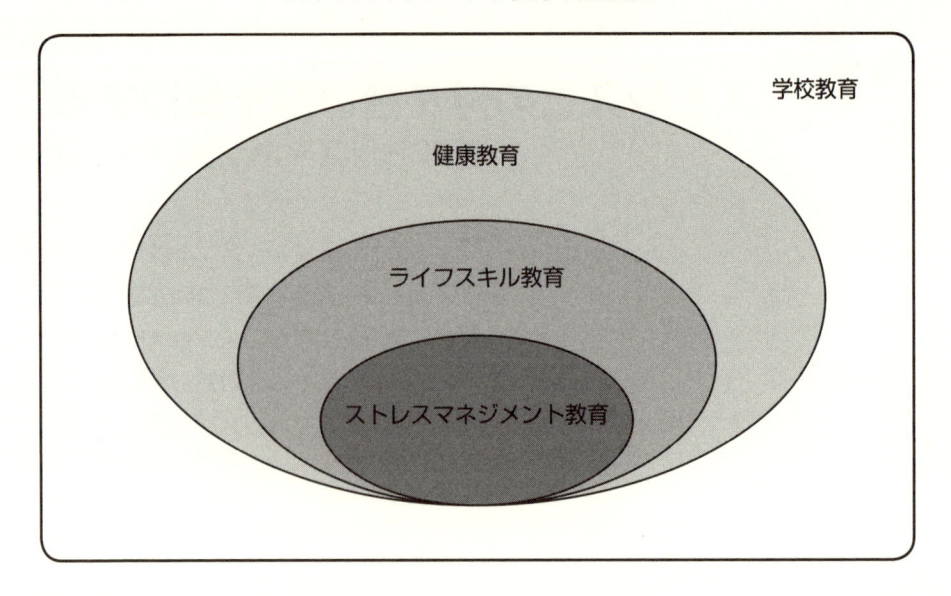

(図：学校教育 ⊃ 健康教育 ⊃ ライフスキル教育 ⊃ ストレスマネジメント教育)

ライフスキル：「日常生活で生じるさまざまな問題や要求に対して，建設的かつ効果的に対処するために必要な能力」(WHO, 1994) であり，「意思決定」「問題解決」「創造的思考」「批判的思考」「効果的コミュニケーション」「対人関係スキル」「自己意識」「共感性」「情動への対処」「ストレスへの対処」が中核的なスキルである。

ストレスマネジメント教育とは？

現在のストレスフルな社会において，児童生徒がより豊かに生活し，たくましく生きていくためには**ライフスキル**を習得する必要がある。そのなかの「ストレスへの対処」「情動への対処」「対人関係スキル」など，ストレスマネジメント関連のスキル習得に向けた教育的支援がストレスマネジメント教育である。

山中・冨永(2000) は，ストレスマネジメント教育を「ストレスに対する自己コントロールを効果的に行えるようになることを目的とした教育的な働きかけ」と定義している。簡単に言い換えると「児童生徒がストレスと付き合い上手になるための教育的支援」である。

ストレスマネジメント教育には，4つのステージ(次頁)がある。

ストレスマネジメント教育の4ステージ

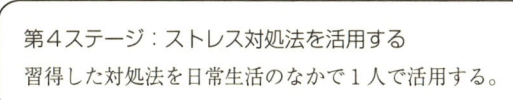

第4ステージ：ストレス対処法を活用する
習得した対処法を日常生活のなかで1人で活用する。

第3ステージ：ストレス対処法を習得する
ストレス反応を低減する具体的な対処法を体験的に習得する。

第2ステージ：自分のストレスに気づく
ストレス発生のプロセスの各段階における自分への気づきを深める。

第1ステージ：ストレスについて理解する
ストレスの概念やストレス発生のプロセスについて理解する。

《ストレスの関連用語》
　ストレスに関連する用語には次のようなものがある。
○ストレッサー：天災や犯罪被害などの危険な出来事，近親者との死別や親の離婚などの重大な出来事，受験や友人関係などの日常の苛立ち事等，ストレス反応の原因となる出来事や刺激。
○認知的評価：物事（ストレッサー）のとらえ方，評価の仕方。
○ストレス反応：不安，怒り，抑うつ，喜びなどの心理的反応，頭痛，肩凝り，血圧上昇などの身体的反応，意欲減退，引きこもりなどの行動的反応等，ストレッサーに対する反応（結果）。
○コーピング：ストレス発生の各プロセスにおける対処法。
○ソーシャルサポート：友人，教師，家族など周囲の人的資源からの情緒的・情報的・道具的・評価的な支援。

ストレス：刺激を受けてゆがみが生じ，「何とかしなければ」という状態（PGS，2002）を指す。現実的には，「～はストレスだ」や「ストレスが溜まった」などと表現されるように，ストレッサーやストレス反応の意味で使用されたり，発生のプロセス全体を指したりなど，あいまいに使用されている。

ストレッサーとストレス反応（もともとの意味）（田中，1987）〈一部改変〉

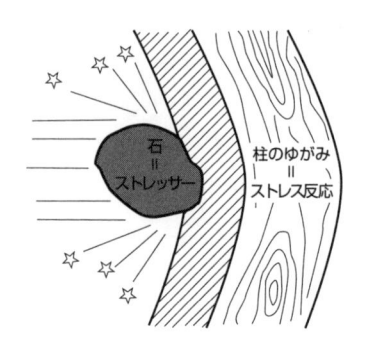

（図：石＝ストレッサー、柱のゆがみ＝ストレス反応）

ストレッサーの種類と内容（山本，2005）

物理的ストレッサー	温熱，寒冷，高圧，低圧
環境的ストレッサー	騒音，照明，空気汚染，振動
社会的ストレッサー	多忙，残業，夜勤，責任，借金
肉体的ストレッサー	病気，怪我，不規則な生活，睡眠不足
精神的ストレッサー	家族などの病気や死，失恋，解雇，倒産，挫折
人間関係ストレッサー	職場・家族・親戚・近所・友人とのトラブル

善玉ストレス：本人には辛い苦しい状況ではあるが，達成・克服することの喜びがあるような，人生をより良く生きようとする原動力になるようなストレス。（例）受験，試合・発表会など。

悪玉ストレス：継続したり溜め込んだりしたら，病気や問題行動の誘因となったり普通の生活ができなくなるようなストレス。（例）いじめ，虐待など。

第1ステージ：ストレスについて理解する

　ストレスと付き合い上手になる（ストレスマネジメント教育の目標）ためには，相手であるストレスについて理解することが大前提となる。ストレスの関連用語（前頁）について具体的な日常生活のなかでの事柄を通して確認するとともに，ストレス発生のプロセス（次頁）について理解を深める段階である。

　ストレスには良いもの（**善玉ストレス**）と悪いもの（**悪玉ストレス**）があり，たんなる否定的イメージ「ストレス＝悪者」を払拭することが大切である。また，ストレスと上手に付き合うこと，ストレスをよりよく生きるための力として活用することが基本的な考えであることを理解させることが重要である。

17章 ストレスとの付き合い方を支援する

ストレス発生のプロセス（PGS, 2002）〈一部改変〉

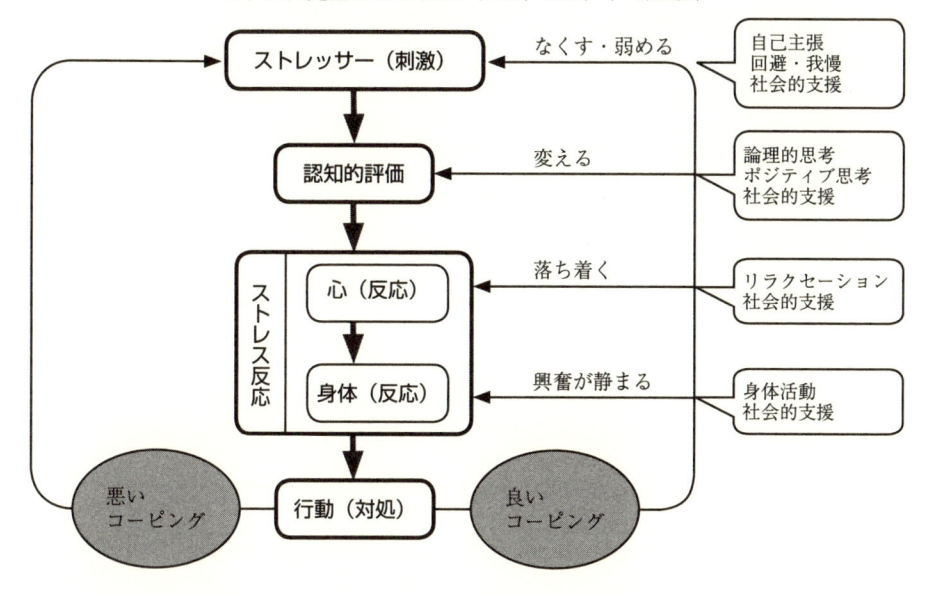

```
ストレッサー（刺激） ← なくす・弱める ← [自己主張/回避・我慢/社会的支援]
      ↓
  認知的評価 ← 変える ← [論理的思考/ポジティブ思考/社会的支援]
      ↓
 ┌─ 心（反応） ← 落ち着く ← [リラクセーション/社会的支援]
ストレス反応
 └─ 身体（反応）← 興奮が静まる ← [身体活動/社会的支援]
      ↓
（悪いコーピング）← 行動（対処）→（良いコーピング）
```

《ストレス発生のプロセス（流れ）》

　ストレスの発生には，一連のプロセス（**ストレスモデル**）がある。事柄をどのように受けとめるかによって，ストレッサーになったりならなかったりする。ストレッサーになった場合，その受けとめ方が心に反応し，その心の状態が身体に反映し，さらに行動へと結びついていく。こうしたプロセスの各段階における対処方法（コーピング）がある。

(例) 帰りの会でテストが返ってきた（ストレッサー）が，結果は最悪で「もう駄目だ」と思った（認知的評価）。だんだんと憂うつな気分になり（心の反応），テストを見せたときの親の顔が目に浮かび，表情がこわばり身体も硬直してきた（体の反応）。まっすぐ帰る気になれず寄り道（行動：悪いコーピング）をして帰宅が遅くなった。親からテストと寄り道の2つのことをあわせてひどく叱られた。

ストレスモデル：現在はラザルスとフォルクマン（1991）の心理社会的ストレスモデルが一般的である。ここで紹介したモデルは，児童生徒に説明しやすく改変されたものである。

ストレス反応のチェックリスト (山本, 2005)〈一部改変〉

ストレス初期から現れる症状
（頻度順）

① 目が疲れやすい
② 肩がこりやすい
③ 背中や腰が痛くなる
④ 朝，気持ちよく起きられないことがある
⑤ 頭がすっきりしない（頭が重い）
⑥ 立ちくらみしそうになる
⑦ 夢をよく見る
⑧ 手足が冷たくなることが多い
⑨ 食べ物が胃にもたれることが多い

慢性ストレス状態になって現れる症状
（頻度順）

① なかなか疲れがとれない
② 何かするとすぐに疲れる
③ お腹の張りや痛み，下痢・便秘がよくある
④ ささいなことで腹が立ったり，イライラする
⑤ 人と会うのがおっくうになる
⑥ 勉強をする気が起こらない
⑦ 口の中が荒れたり，ただれたりする
⑧ よく風邪をひき，なかなか治らない
⑨ 舌が白くなることがある
⑩ 体重が減る
⑪ 夜に目が覚めた後，なかなか寝付けない
⑫ 好きな物でも，あまり食べる気がしない

第2ステージ：自分のストレスに気付く

　自分にとってのストレッサーや自分自身のストレス反応に気付くことは，その到来を予測でき，ストレッサーを制御することができる。また，自分の認知的傾向に気付けば，ストレス反応が軽減するように認知を修正することができる。さらに，自分のコーピングパターンやソーシャルサポート資源の保有状況に気付けば，増やしたり広げたりすることができる。すなわち，ストレスに関連した自己理解（気付き）は，ストレスマネジメントの前提となる。
　ストレッサー尺度，認知的評価尺度，ストレス反応尺度，コーピング尺度，ソーシャルサポート尺度等，種々の**ストレス関連尺度**が，児童用，中学生用，高校生用等，対象別にさまざま開発されている。

ストレス関連尺度：『ストレススケールガイドブック』（パブリックリサーチセンター，2004），『心理測定尺度集Ⅲ・Ⅳ』（サイエンス，2001, 2007）等を参照のこと。

3種類の自己表現 (会沢・品田, 2008)

パターン	A: 攻撃的	B: 非主張的	C: アサーティブ
イメージ	いばりやさん	おどおどさん	さわやかさん
考え方	自分はOK, 相手はNO！	自分はNO, 相手はOK！	自分も相手もOK！
言い方	一方的に主張する。あなたメッセージ（YOUメッセージ）を使う。	黙る。弁解がましくなる。遠まわし。	相手の気持ちも受け入れ、わたしメッセージ（Iメッセージ）を使う。
相手が抱く気持ち	腹が立つ。後悔。失望。二度と頼まないぞという気持ちになる。	イライラする。はっきりしてよ！　もういいやって感じがする。	イヤな感じがせず、言われたことを受け入れやすい。素直に納得できる。
自分の気持ち	いつも欲求不満な気持ち。イライラする。後味が悪い。	ストレスがたまる。自分はダメだと思いがち。困ったなあ……。	自分の言動に責任をとろうという気持ちが育つ。自分の気持ちが言えた！

第3ステージ：ストレス対処法を習得する

①ストレッサーへの対処：アサーティブな態度を身に付けよう！

"NO"と言えず、ついつい嫌なことを請け負ったり、約束したりしてストレスを溜めてしまう人がいる。相手の気持ちや相手との関係を大切にして、自分の気持ちを抑え込んでしまう人である。また、自分の思いを主張して、相手を不快にさせたり、トラブルに発展したりしてストレスを溜めてしまう人がいる。相手に十分な気配りができず、自己本位な言動をとってしまう人である。

こうした人は、自分自身がストレスを溜めない、しかも相手の気分を害さず、相手との関係も悪化しない「さわやかな自己表現」を身に付けることが必要である。そうした方法として、**アサーション・トレーニング**がある。

> アサーション・トレーニング：自己主張訓練。自分のことばかり考えて相手を踏みにじるような自己表現ではなく、自らの考えや自分の人権を自ら放棄し卑下する自己表現でもなく、率直に自分のことを伝え、かつ相手にも配慮している自己表現をめざそうとするものである（松木・宮脇・高田, 2004）。

認知のゆがみ（松木・宮脇・高田, 2004）

①過度の一般化
　たった1つの出来事から得られた結論を，他のすべてのものにあてはめてしまうこと。
②「すべし」思考
　「私は〜しなければならない」という考え方。
③二分割思考
　別名「all or nothingの思考」。白か黒かはっきりしないと気がすまない。100点満点以外はたとえ90点でも0点に等しいという考え方。
④自己関連づけ
　さまざまな出来事の原因が自分にあるととらえやすい傾向。
⑤選択的抽出
　身の回りに起こったいくつかの出来事を万遍なくながめるのではなく，自分にとって解釈のしやすいものだけを抜き出してとらえること。
⑥破局視
　実際にはちょっとした失敗であっても，具体的な根拠もなしに，取り返しのつかない，最悪の失敗をしてしまったように感じること。
⑦感情的論法
　何かを評価するときに，自分の感情を根拠として結論を導き出すこと。
⑧独断的推論
　根拠は存在するものの，そこから導き出される結論が非常にかたよったもの，あるいは非現実的なもの。
⑨誇張と矮小化
　出来事のある部分だけを取り出して，極端な過大評価や過小評価を行うこと。
⑩ラベル貼り
　自分に対して，否定的な名前のついたラベルを貼ることにより，そのラベルが自分のすべてであるかのように考えてしまうこと。

認知療法・認知行動療法：認知のゆがみに対し，反証や多面的解釈を生み出すように支援する。自らが認知を修正することによって，身体反応や心理的苦痛が軽減するように情動が変化したり，より建設的な行動ができるようになったりする。

②認知的評価への対処：合理的な考えを身に付けよう！

　同じストレッサーを経験しても，平気でいる者，深く傷つく者，闘志が湧き元気になる者もいる。ストレッサーの受けとめ方や感じ方によって，ストレス反応に大きく違いが出るからである。そのため，認知的評価を変える方略はストレスマネジメント技法のなかでも重要な位置づけになっている。

　認知療法や**認知行動療法**などを応用したアプローチにより，認知のゆがみ（イラショナルビリーフ；非合理的な考え）を修正させる技法などが代表的なものである。

17章 ストレスとの付き合い方を支援する　181

10秒呼吸法（藤原, 2006）

　　　すうー　　　　　　は-
　　ふくらんで…　　　　へこんで…

自律訓練法の心理・教育的効果（佐々木, 1989）

①知的側面：注意力の増大，記憶力の改善，課題への対応力の向上，学業成績の上昇など。
②社会的側面：対教師・対友人関係の緊密化，授業中の学習態度が積極的になる，自発的な活動の増大など。
③心理的側面：テスト不安の減少，情動の安定，攻撃態度の減少，欲求不満耐性の上昇，神経質傾向の改善など。
④生理的側面：不眠，胃腸障害，頭痛，チック，呼吸障害，発語障害などの心身症や機能的障害の改善ないし治癒など。
⑤そ の 他：刺激対応の柔軟性の増大，スポーツ成績の向上，創造性の開発など。

③ストレス反応への対処：リラックス上手になろう！

　ストレスマネジメント教育プログラムにおいて不可欠であり，ストレス対処法の中核ともいえるものである。身体をリラックスさせることにより，心の安静を得るものである。リラックスする方法（**リラクセーション**）はさまざまあり，代表的なものに，呼吸法，漸進的筋弛緩法，自律訓練法，動作法，イメージ法等がある。
　そのなかでも，自律訓練法はたんなるストレス緩和効果だけではなく，教育活動における活用による心理・教育的効果が報告されている（佐々木，1989）。

> リラクセーション：「緊張の適切なコントロールを身に付けることにより，心身の健康の回復・維持・増進を図る自己コントロール法」（藤原, 1997）である。

高校生のストレス反応と生活習慣との関連性 （迫田・佐伯・藤原, 2007）

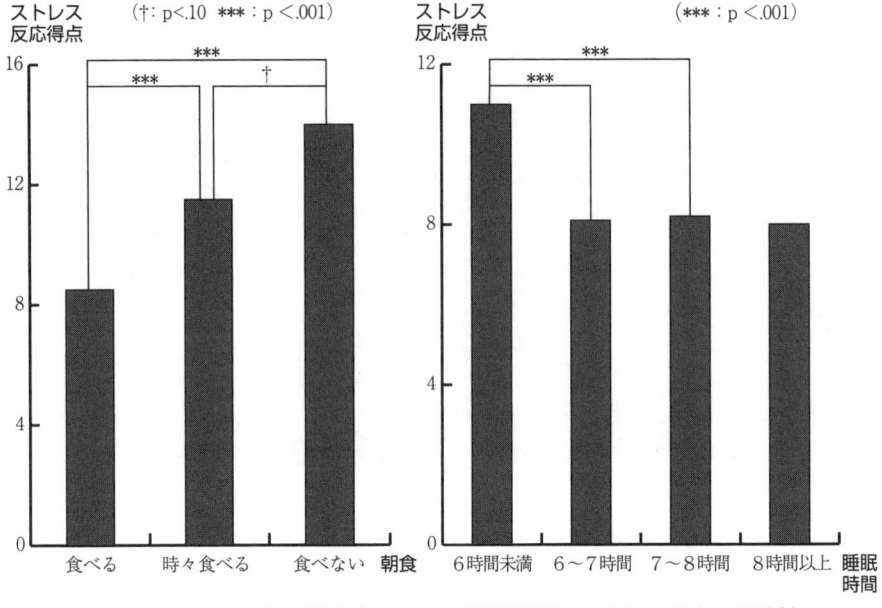

朝食とストレス反応の関連性

睡眠時間とストレス反応の関連性

④日常生活での対処：基本的生活習慣を確立しよう！

ライフスタイル（生活様式）はストレスに大きな影響を与える。とくに児童生徒にとっては、朝食と睡眠時間がストレスに与える影響は大きい。朝食を食べない生徒はもちろん時々食べる生徒も、毎日食べる生徒に比べてストレス反応が高い。また、6時間未満の睡眠時間の生徒は6～8時間の睡眠時間を確保している生徒に比べストレス反応が高い。すなわち、朝食は毎日とることが重要であり、睡眠時間は6～8時間の確保が重要である。

こうした基本的生活習慣の確立に向けた指導・援助もストレスマネジメント教育の大切な内容である。

ライフスタイル：生活様式。人生観・価値観・習慣などを含めた個人の生き方を指す。健康に影響を与えるものに、睡眠、朝食、間食、肥満、運動、飲酒、喫煙などがあげられる。

ストレスマネジメント教育プログラムの実際 （田中・藤原, 2001）

		第1回：ストレスの理解	第2回：ストレスへの気付き	第3回：対処法の習得
導入		・肩のセルフリラクセーション ・オリンピックに関する話題	・肩のセルフリラクセーション ・5円玉振り子法	・肩のセルフリラクセーション
展開	理論	・「身体の健康」と「心の健康」 ・ストレスの仕組み ・ストレスと病気のかかわり ・ストレスに対する心のサイン ・自己のストレスへの振り返り（原因・反応・対処法）	・POMSの自己プロフィールの作成 ・自己のストレスへの客観的な振り返り ・意識されていないストレスやそのレベルへの気付き ・今後の課題の発見	・心身の健康について ・ストレスとの上手な付き合い方 ・ストレス軽減に対するリラクセーションの有効性 ・よりよく生きるために
	演習	・呼吸法（椅子姿勢）	・呼吸法（仰臥姿勢） ・漸進的筋弛緩法	・自律訓練法（重感・温感練習）

ストレスマネジメント教育の効用

　ストレスマネジメント教育により，児童生徒個々のストレス反応が低減したり，人間関係が改善したり，学級・クラスの雰囲気が好ましい方向へ変容したりすることが報告されている。

　そうしたストレスと付き合い上手になることの効果に加えて，児童生徒の主体性が高まる効果も現れてくる。それは，ストレスマネジメント教育により，ストレスに対して受け身的な態度・姿勢から，ストレスと自ら向き合い，主体的に対処しようとする態度・姿勢へと変容してくるからである。そうした主体的な態度・姿勢は，さまざまな場面における取り組みにも**般化**されるようになる。

　すなわち，ストレスマネジメント教育は，ストレスと付き合い上手になることにとどまらず，主体的な生き方へと繋がる態度・姿勢を育てるものでもある。

般化：もともとは，条件刺激と異なる刺激にも同様な反応が生起することを意味する。ここでは，ある場面（刺激）における対応の仕方（態度・姿勢）が他の場面においても，同様の対応の仕方（態度・姿勢）へと活かされるようになることを意味する。

コラム4■スクールソーシャルワーカー

　近年，いじめ，不登校，暴力行為等の子どもの問題行動や児童虐待などさまざまな問題が教育現場で起こっている。1995年よりスクールカウンセラーが設置され，これらの問題への対応に関して成果を上げているが，教育現場の状況は深刻化，複雑化，多様化の一途をたどっている。とくに経済状態の悪化，特別支援教育，児童生徒への対応などこれまで以上に家庭や地域との連携，外部（とくに福祉）資源の有効活用が必要とされる機会が増えている。そこで近年学校現場において，より環境面に積極的に働きかけるソーシャルワークのアプローチの必要性が叫ばれるようになり，一部自治体でスクールソーシャルワーカー（School Social Worker）が導入されるようになった。

　スクールソーシャルワーカーは，子どもをとりまく環境調整に必要なあらゆることを行う。具体的業務としては，子どもの状況把握，コンサルテーションを含む子ども，親，教職員の相談援助，子どもの家への家庭訪問，学内ケースカンファレンスへの参加，必要機関やNPO等の市民グループも含む団体との連携・仲介（リファー），教員研修や親教育プログラムの企画，学校変革のための組織的介入，新たなる地域資源の開発，教育委員会の連絡会議等への参加など，環境に働きかけたり，整えるためのあらゆる業務をあげることができる。

　アメリカではすでに1万人を超えるスクールソーシャルワーカーがいるが，日本では1986年の埼玉県所沢市における山下英三郎の実践が最初といわれている。その後，兵庫県赤穂市，香川県，大阪府と活動範囲に広がりをみせている。

　スクールソーシャルワークはソーシャルワークのなかでももっとも難しい分野の1つといわれており，今後制度として普及していくにあたり研修・実習体制の整備が望まれる。また，他職種との連携や棲み分けのあり方についても今後さらに議論していく必要があるであろう。

引用・参考文献

1章
前田重治　1985　図説臨床精神分析学　誠信書房
文部省　1996　平成 8 年度我が国の文教施策　大蔵省印刷局
坂本昇一　1980　わが国における生徒指導の歴史　新生徒指導事典　第一法規

2章
中央教育審議会　1999　初等中等教育と高等教育との接続の改善について（答申）　2009年12月16日
石田美清　2003　学校の生徒指導体制とサポートシステム　中等教育資料　**52**(3)　ぎょうせい　pp.18-21
菊地武剋編　2000　生徒理解の心理学　福村出版
小島弘道編　1999　生徒指導主任の職務とリーダーシップ（2版）　東洋館出版社
国立教育政策研究所生徒指導センター　2005　「学級運営等の在り方についての調査研究」報告書
国立教育政策研究所生徒指導センター　2006　「生徒指導体制の在り方についての調査研究」報告書——規範意識の醸成を目指して
厚生労働省　2008　平成20年版労働経済白書
松田文子・高橋　超編　2002　生きる力が育つ生徒指導と進路指導　北大路書房
文部科学省　2008　小学校学習指導要領
文部科学省　2008　中学校学習指導要領
文部科学省　2008　高等学校学習指導要領
文部省　1981　生徒指導の手引き（改訂版）
文部省　1990　学校における教育相談の考え方・進め方（中学校・高等学校編）　生徒指導資料集第21集　生徒指導研究資料　第15集　大蔵省印刷局
中西信男　1990　第 2 章　生徒指導の基本原理　仙崎　武編　教職課程講座　第 7 巻　生徒指導——生き方と進路の研究　ぎょうせい　pp.29-44
仙崎　武・野々村新・渡辺三枝子・菊地武剋編　2007　生徒指導・教育相談・進路指導（第 2 版）　田研出版
嶋崎政男　2004　対応の流れ・方法が一目でわかる　図解・生徒指導（第 5 版）　学事出版
山崎清男・中川忠宣・矢野　修　2007　家庭・学校・地域社会の連携・協働による教育システムの構築——「協育」ネットワークシステムの形成を中心にして　大分大学生涯学習教育研究センター紀要第 7 号

3章
本間友巳　2001　保護者から見た学校臨床心理士（スクールカウンセラー）活動の評価　臨床心理士会報　**12**(2)
石隈利紀　1995　学校心理学——学校教育の新しいあり方をめざして　指導と評価　4月号　**41**(4)
伊藤美奈子　2000　学校側から見た学校臨床心理士（スクールカウンセラー）活動の評価　臨床

心理士会報　**11**(2)
日本学校教育相談学会調査委員会（文責　中村　豊・相馬誠一）　2006　学会員の現状と意識調査（要約）　学校教育相談研究　**16**
大野精一　1993　相談係の行う教育相談　今井五郎編　学校教育相談の実際　学事出版
相馬誠一　2003　学校教育相談の組織と運営　高橋史郎編　心を育てる学校教育相談　学事出版

4章

神田橋條治　1984　精神科診断面接のコツ　岩崎学術出版社
北山　修　1993　言葉の橋渡し機能――およびその壁　岩崎学術出版社
内閣府共生社会政策統括官　2001　青少年の社会的適応能力と非行に関する研究調査　内閣府
成田善弘　1986　神経症　吉松和哉（編）精神科 MOOK　No.15　精神療法の実際　金原出版　pp.108-119
岡安孝弘・嶋田洋徳・坂野雄二　1993　中学生におけるソーシャル・サポートの学校ストレス軽減効果　教育心理学研究　**41**　pp.302-312
下開千春　2008　子どもの悩みや不満と相談相手――小学4～6年生と中学生を対象に　ライフデザインレポート（第一生命経済研究所）　2008年7-8月　pp.24-31

5章

藤田和弘・前川久男・大六一志・上野一彦・石隈利紀編　2005　WISC-Ⅲアセスメント事例集――理論と実際　日本文化科学社．
グラッサー・ツィンマーマン　宮本茂雄訳　1978　WISCの臨床的解釈　日本文化科学社
熊谷恵子　2008　特別支援教育1　下山晴彦・松澤広和編　実践――心理アセスメント――職域別・発達段階別・問題別でわかる援助につながるアセスメント　日本評論社．
前川久男編　2003　K-ABCアセスメントと指導（第6版）　丸善メイツ
松原達哉編　2002　心理テスト法入門（第4版）――基礎知識と技法習得のために　日本文化科学社
小川俊樹　1988　性格テストの組み合わせ　森　温理・長谷川和夫　精神科Q&A(2)　金原出版
大六一志　2006　認知特性と包括的アセスメント　本郷一夫・長崎　勉編　特別支援教育における臨床発達心理学的アプローチ――生涯発達的視点に基づくアセスメントと支援（別冊発達 **28**）　ミネルヴァ書房
リヒテンバーガー・マザー・カウフマン・カウフマン　上野一彦・染木史緒監訳　2008　エッセンシャルズ心理アセスメントレポートの書き方　日本文化科学社
下山晴彦編　2003　よくわかる臨床心理学　ミネルヴァ書房
杉原一昭・海保博之編　1986　事例で学ぶ教育心理学　福村出版
上野一彦・海津亜希子・服部美佳子編　2005　軽度発達障害の心理アセスメント――WISC-Ⅲの上手な利用と事例　日本文化科学社
氏原　寛・岡堂哲雄・亀口憲治・西村洲衞男・馬場禮子・松島恭子編　2006　心理査定実践ハンドブック　創元社

6章

藤原正光　2004　教職志望動機と高校・大学生活――教員採用試験合格者の場合　文教大学教育学部紀要　**38**　pp.75-81
福田隆行　2004　自信が持てない教師たち　児童心理　**58**(15)　pp.26-32
浜名外喜男・北山鎮道　1988　教師行動の実験的変容が児童の学級適応に及ぼす影響　兵庫教育大学研究紀要　**8**　pp.63-73

菊池章夫　1979　教師行動研究の動向(2)　児童心理　**22**(2)　pp. 167-185
中西佐智子　1991　教師のほめことばが児童に及ぼす影響と受け手による受けとめ方の違い　大阪教育大学卒業論文（未公刊）
NHK世論調査部　1984　中学生・高校生の意識　日本放送出版協会
小川一夫　1956　児童生徒の問題行動に対する教師の態度に関する研究（第2報告）　島根大学論集（教育学関係）　**6**　pp. 1-14
岡山県教育センター　1981　人間関係を促進するための関係要因に関する研究　岡山県教育センター研究紀要　**68**　pp. 1-32
瀧野揚三　1984　「教師の悩み」を規定する要因　教育心理　**32**　pp.308-313
瀧野揚三　1992　投影的図版を用いた教師の指導態度の予測に関する研究　大阪教育大学紀要第Ⅳ部門　**40**(2)　pp.161-171

7章

American Psychological Association　高橋三郎・大野　裕・染矢俊幸訳　2002　DSM-Ⅳ-TR 精神疾患の診断・統計マニュアル　医学書院
安藤隆男編　2006　講座特別支援教育　3　特別支援教育の指導法　教育出版
フィフナー　上林靖子・中田洋二郎・山崎　透・水野　薫監訳　2000　こうすればうまくいく ADHDをもつ子の学校生活　中央法規出版
Lahey, B.B. & Carlson, C.L. 1991 Validity of the diagnostic category of attention deficit disorder without hyper activity: A review of the literature. *Journal of Learning Disabilities*, **24**, 110-120.
文部省（学習障害およびこれに類似する学習上の困難を有する児童生徒の指導方法に関する調査研究協力者会議）　1999　学習障害児に対する指導について
日本LD学会編（上野一彦・中根　晃責任編集）　1996　わかるLDシリーズ1　LDとは何か――基本的な理解のために　日本文化科学社
トニー・アトウッド　富田真紀・内山登紀夫・鈴木正子訳　1999　ガイドブックアスペルガー症候群――親と専門家のために　東京書籍
上野一彦・篁　倫子・海津亜希子　2005　LD I　LD判断のための調査票　日本文化科学社

8章

現代教育研究会　2001　不登校に関する実態調査――平成5年度不登校生徒追跡調査報告書　文部科学省
小林正幸　2002　先生のための不登校の予防と再登校援助――コーピング・スキルで耐性と社会性を育てる　ほんの森出版
小林正幸　2003　不登校児の理解と援助――問題理解と予防のコツ　金剛出版
小林正幸・小野昌彦　2005　教師のための不登校サポートマニュアル――不登校ゼロへの挑戦　明治図書出版
小泉英二編著　1973　登校拒否　学事出版
国立教育政策研究所生徒指導研究センター　2004　生徒指導資料　第2集　不登校への対応と学校の取組について――小学校・中学校編　ぎょうせい
文部科学省　今後の不登校への対応の在り方について（報告）
　　（http://www.mext.go.jp/b_menu/public/2003/03041134.htm）
文部科学省　平成19年度「児童生徒の問題行動等生徒指導上の諸問題に関する調査」について
　　（http://www.mext.go.jp/b_menu/houdou/20/11/08111707.htm）
文部科学省　「平成19年度児童生徒の問題行動等生徒指導上の諸問題に関する調査」（小中不登校）について（8月速報値）

（http://www.mext.go.jp/b_menu/houdou/20/08/08073006.htm）
文部省　1984　生徒指導資料第18集・生徒指導研究資料第12集　生徒の健全育成をめぐる諸問題
　　――登校拒否問題を中心に（中学校・高等学校編）　大蔵省印刷局
文部省　1992　学校不適応対策調査研究協力者会議報告　登校拒否（不登校）問題について――
　　児童生徒の「心の居場所」づくりを目指して
鈴木聡志　2006　「ふつうの子」が問題を起こすとき――教育言説の歴史から　児童心理　**60**(1)
　　pp.30-35
東京都立多摩教育研究所　1994　不登校事例の再検討　東京都立多摩教育研究所

9章
森田洋司・清永賢二　1994　新訂判いじめ　金子書房
森田洋司・滝　充・秦　政春・星野周弘・和解彌一編　1999　日本のいじめ　金子書房
内閣府　2008　平成20年度版　青少年白書

10章
河野友信編　2000　思春期心身症の臨床　医薬ジャーナル社
久保千春編　2009　心身医学標準テキスト（第3版）　医学書院
日本心身医学会用語委員会編　2009　心身医学会用語事典（第2版）　三輪書店
山下　格　2002　精神医学ハンドブック（第4版）　日本評論社

11章
法務省　更生保護を支える人々　2010年8月1日
　　（http://www.moj.go.jp/hogo1/soumu/hogo_hogo04.html#01）
法務省法務総合研究所　2009　平成21年版犯罪白書
吉本伊信　1983　内観への招待　朱鷺書房

12章
Abramson, L.Y., Seligman, M.E.P. & Teasdale, J.D. 1978 Learned helplessness in humans: Critique and reformulation. *Journal of Abnormal Psychology*, **87**, 49-74.
Dweck, C.S. 1975 The role of expectation and attributions in the alleviation of learned helplessness. *Journal of Personality and Social Psychology*, **31**, 674-685.
Dweck, C.S. 1986 Motivational processes affecting learning. *American Psychologist*, **41**, 1040-1048.
速水敏彦　1998　自己形成の心理――自立的動機づけ　金子書房
国立教育政策研究所　2002　学習意欲に関する調査研究
国立教育政策研究所　2005　平成15年度　小・中学校教育課程実施状況調査
国立教育政策研究所　2007　平成17年度　高等学校教育課程実施状況調査
国立教育政策研究所　2008　国際数学・理科教育動向調査の2007年調査（TIMSS2007）
宮田加久子　1991　無気力のメカニズム　誠信書房
文部科学省　2005　義務教育に関する意識調査
大芦　治・鎌原雅彦編　2005　無気力な青少年の心　北大路書房
佐伯　胖　1982　学力と思考　教育学大全集　16巻　第一法規
桜井茂男　1995　「無気力」の教育社会心理学　風間書房
桜井茂男　1997　学習意欲の心理学――自ら学ぶ子どもを育てる　誠信書房
Seligman, M.E.P. & Maier, S.F. 1967 Failure to escape traumatic shock. *Journal of Experimental Psychology*, **74**, 1-9.

下山　剛　1985　学習意欲の見方・導き方　教育出版
下山　剛編　1995　学習意欲と学習指導　学芸図書
弓野憲一編　2002　発達・学習の心理学　ナカニシヤ出版

13章
一丸藤太郎・菅野信夫　2002　学校教育相談　ミネルヴァ書房
井上忠典　2004　スクールカウンセラーの利用を考える　川島一夫・勝倉孝治編　臨床心理学からみた生徒指導・教育相談　ブレーン出版
伊藤美奈子・平野直己編　2003　学校臨床心理学・入門——スクールカウンセラーによる実践の知恵　有斐閣
國分久子・片野智治編　1997　エンカウンターで学級が変わる Part 2　中学校編　図書文化社
前田重治　1985　図説臨床精神分析学　誠信書房
前田重治編　1986　カウンセリング入門　有斐閣
村山正治編　2008　臨床心理士によるスクールカウンセリングの実際——コラボレーションを活かす時代へ（現代のエスプリ別冊）　至文堂
鑪幹八郎・名島潤慈編　2000　新版心理臨床家の手引　誠信書房
ロジャーズ（ロージァズ）　伊東　博編訳　1966　サイコセラピィの過程　ロージァズ全集4　岩崎学術出版社
　※全集の表記はロージァズだが，本文中は現在一般的な名称ロジャーズを用いた。

14章
相場幸子・龍島秀広編　2006　みんな元気になる対人援助のための面接法　金剛出版
ベック　伊藤絵美・神村栄一・藤澤大介訳　2004　認知療法実践ガイド：基礎から応用まで　星和書店
フリードバーグ・フリードバーグ・フリードバーグ　長江信和・本村直靖・大野裕訳　2006　子どものための認知療法練習帳　創元社
五十嵐透子　2001　リラクセーション法の理論と実際——ヘルスケア・ワーカーのための行動療法入門　医歯薬出版
飯倉康郎　1999　強迫性障害の治療ガイド　二瓶社
井上和臣　1997　心のつぶやきがあなたを変える——認知療法自習マニュアル　星和書店
川島一夫・勝倉孝治　2004　臨床心理学からみた生徒指導・教育相談　ブレーン出版
小林正幸　2002　先生のための不登校の予防と再登校援助　ほんの森出版
小林正幸　2004　事例に学ぶ不登校の子への援助の実際　金子書房
久保木富房・不安・抑うつ臨床研究会　2005　子どもの不安症——小児の不安障害と心身症の医学　日本評論社
マーチ・ミュール　原井宏明・岡嶋美代訳　2008　認知行動療法による子どもの強迫性障害治療プログラム　岩崎学術出版社
森　俊夫　2000　先生のためのやさしいブリーフセラピー　ほんの森出版
ランメロ・トールネケ　2009　松見淳子監修・武藤　崇・米山直樹監訳　臨床行動分析の ABC　日本評論社
佐藤正二・佐藤容子　2006　学校における SST 実践ガイド　金剛出版
嶋田洋徳・鈴木伸一　2004　学校，職場，地域におけるストレスマネジメント実践マニュアル　北大路書房
下山晴彦　2007　認知行動療法——理論から実践的活用まで　金剛出版
杉山尚子・島　宗理・佐藤方哉・マロット・マロット　1998　行動分析学入門　産業図書
鈴木伸一・神村栄一　2005　実践家のための認知行動療法テクニックガイド　北大路書房

田中和代・岩佐亜紀　2008　高機能自閉症・アスペルガー障害・ADHD・LD の子の SST の進め方　黎明書房
内山喜久雄・坂野雄二編集　2004　エビデンス・ベースト・カウンセリング（現代のエスプリ別冊）　至文堂
山上敏子　2007　方法としての行動療法　金剛出版

15章

バーン　南　博訳　2000　人生ゲーム入門　河出書房新社
デュセイ　新里里春訳　1980　エゴグラム——ひと目でわかる性格の自己診断　創元社
ハーガーデン・シルズ　深沢道子監訳　2007　交流分析——心理療法における関係性の視点　日本評論社
スチュアート・ジョインズ　深沢道子監訳　1991　TA TODAY——最新・交流分析入門　実務教育出版
スチュアート　杉村省吾・酒井敦子・本多　修・柴台哲夫訳　1995　交流分析のカウンセリング——対人関係の心理学　川島書店
スチュアート・ジョインズ　白井幸子・繁田千恵監訳　2007　交流分析による人格適応論　誠信書房
スチュアート　諸永好孝訳　エリック・バーン　1988　チーム医療
杉田峰康　1985　講座サイコセラピー　8　交流分析　日本文化科学社
杉田峰康　2000　新しい交流分析の実際——TA・ゲシュタルト療法の試み　創元社

16章

船井哲夫　2005　心を読み解くユング心理学　ナツメ社
カルフ　山中康裕監訳　1972　カルフ箱庭療法［新版］　誠信書房
河合隼雄　1967　ユング心理学入門　培風館
河合隼雄　1969　箱庭療法入門　誠信書房
河合隼雄　1970　カウンセリングの実際問題　誠信書房
河合隼雄　1977　無意識の構造　中公新書
河合隼雄　1991　イメージの心理学　青土社
河合隼雄　2002　心理療法入門　岩波出版
河合隼雄・中村雄二郎　1993　トポスの知——箱庭療法の世界　TBS ブリタニカ
三木アヤ・光元和憲・田中千穂子　体験箱庭療法　山王出版
大場　登編　2002　臨床心理面接特論——心理療法の世界　放送大学教育振興会
大場　登編　2003　ユング心理学——夢・神話・昔話・イメージと心理療法　日本放送出版協会
織田尚生　1992　深層心理の世界　第三文明社
織田尚生　1998　心理療法の想像力　誠信書房
織田尚生　2005　心理療法と日本人のこころ　培風館
サミュエルズ・ショーター・プラウト　山中康裕監修　1993　ユング心理学辞典　創元社
田中信市　2004　箱庭療法——こころが見えてくる方法　講談社

17章

会沢信彦・品田笑子編　2008　自分とも友達ともポジティブ・コミュニケーション　ほんの森出版
藤原忠雄　2006　学校で使える5つのリラクセーション技法　ほんの森出版
藤原忠雄　1997　リラクセイション　岡山県学校教育相談研究記録「淼（びょう）」第20号
堀　洋道監修　櫻井茂男・松井　豊編　2007　心理測定尺度集Ⅳ　サイエンス社

堀　洋道監修　松井　豊編　2001　心理測定尺度集Ⅲ　サイエンス社
松木　繁・宮脇宏司・高田みぎわ編　2004　教師とカウンセラーでつくるストレスマネジメント教育　あいり出版
ラザルス・フォルクスマン　本明　寛・春木　豊・織田正美監訳　1991　ストレスの心理学　実務教育出版
坂野雄二監修　嶋田洋徳・鈴木伸一編　2004　学校，職場，地域におけるストレスマネジメント実践マニュアル　北大路書房
迫田芳美・佐伯良子・藤原忠雄　2007　高校生のストレス反応と生活習慣の関連性　日本ストレスマネジメント学会　第6回学術大会プログラム・抄録集
佐々木雄二　1989　自律訓練法──子どもへの応用　児童心理　第43巻第6号　金子書房
佐々木雄二　1996　自律訓練法の臨床　岩崎学術出版社
ストレスマネジメント教育実践研究会（PGS）編　2002　ストレスマネジメント・テキスト　東山書房
竹中晃二編　1997　子どものためのストレス・マネジメント教育　北大路書房
田中温美・藤原忠雄　2001　高等学校におけるストレスマネジメント教育プログラムの開発　日本臨床動作学会　第9回大会プログラム・発表論文集
田中正敏　1987　ストレスのメカニズムと健康　河野友信編　産業ストレスの臨床　朝倉書店
冨永良喜・山中　寛編　1999　動作とイメージによるストレスマネジメント教育（展開編）　北大路書房
WHO編　川端徹朗・西岡伸紀・高石昌弘・石川哲也監訳　1997　WHOライフスキル教育プログラム　大修館書店
山本晴義　2005　ストレスチェックノート　法研
山中　寛・冨永良喜編　2000　動作とイメージによるストレスマネジメント教育（基礎編）　北大路書房
財団法人パブリックヘルスリサーチセンター　2004　ストレススケールガイドブック　実務教育出版

索　引

◆A〜Z

ABC分析　147
DSM-Ⅳ-TR　68
K-ABC　69
WISC　69

◆あ　行

悪玉ストレス　176
アサーション・トレーニング　96,179
アスペルガー障害　68,74
甘やかされ型　80,81
アンダーアチーバー　123
生きる力　17
いじめ　8,79
いじめ集団の構造　93
いじめの手口　90
維持要因　145
一次予防　84
一般理解　19
イメージ　169
インテグレィター　27
エクササイズ　142
エクスポージャー（曝露法）　149
エゴグラム　155
小野昌彦　84,85
思い込み　150

◆か　行

カープマン　162

解決志向　145
外向　166
改正少年法　110
ガイダンス　134
開発的教育相談　26
外発的動機づけ　125
外部機関との連携　33
カウンセラー　27,132
カウンセリング　105,132
学習　126
学習指導要領　16
学習障害（LD）　68,69
学習スキル　152
学習性無力感　126
影の世界　171
家族療法　106
学級適応　62
学級雰囲気　60
学校ぎらい　78
学校経営　84
家庭裁判所　110
カルフ　172
観察法　19
機能　147
機能分析　147
規範意識　95
基本的構え　159
虐待　113
逆転移　136
客観的理解　19

キャリア教育　20
教育課程　16
教育基本法　36
教育支援センター　86
教育相談　9
教育相談係　27,28
教育相談室　32
共感的理解　19,45,62,137
教師の悩み　65
協働　23
クライエント　132
携帯電話　66
傾聴　138,171
ゲーム　158
原因帰属　124
健康　10
言語式　51
言語連想検査　167
検察官送致　110
現代教育研究会　82
交叉交流　156
構成的グループ・エンカウンター　142
行動化　109
広汎性発達障害　68
校務分掌　21
交流分析　154
コーピング　175
呼吸法　181
心の居場所　86
心の傷つきの癒し　172
個人療法　106
個性化（自己実現）傾向　165
小林正幸　81,82,83,84,85
個別的理解　19
コミュニケーション　43
コンサルテーション　85,140

コンプレックス　168

◆さ　行

作業検査法　53
サポート　38
自我（エゴ）　165
自我状態　154
時間の構造化　158
自己（セルフ）　165
自己愛　114
自己一致　133,137
思考記録　151
自己概念　133
自己効力感　65
自己指導能力　18
自己指導力　17
私事化社会　96
思春期・青年期的な心性　108
死生学　130
質問紙法　53,56
自動思考　150
児童自立支援施設　111
死の準備教育　130
死へのプロセス　130
社会的スキル　152
集団療法　106
自由で保護された空間　172
主観的理解　19
受容的・共感的態度　62,137
純粋さ　137
証拠　151
小中連携　85
象徴（シンボル）　170
少年院　110
少年鑑別所　110
自律訓練法　181

神経症　99,104
進行　170
心身症　99,103
心像　169
深層心理学　164
心的エネルギー　170
信念　150
審判　110
心理検査　49
心理社会的要因　99
心理療法　105,106,134
進路指導　20
随伴性　147
スクールカウンセラー　33,41,85,140,141
スクールソーシャルワーカー　184
鈴木聡志　83
ストレス　38,175
ストレス反応　38,175
ストレスマネジメント教育　174
ストレスモデル　177
ストレッサー　175
ストローク　157
性格検査　53
生活スキル　152
精神遅滞　68
精神的いじめ　91
精神分析学　164
精神保健福祉センター　34
生徒指導　8
生徒指導主事　22
生徒指導部　22
善玉ストレス　176
相補交流　156
ソーシャルサポート　175

◆た　行

怠学　80
対教師感情　59
体験過程　138
退行　170
タイプ論　166
達成動機　124
多動性－衝動性優勢型　71
地域社会　34
知能検査　51
知能偏差値　51
中1ギャップ　79
注意欠陥多動性障害（ＡＤＨＤ）　68,71
中核信念（スキーマ）　150
調査法　19
適応　133
適応指導教室　86
デュセイ　155
転移　136
投影法　53,54
動機づけ　125
東京都多摩教育研究所　81
登校拒否　80
特別支援　68,76
特別支援学校　68
ドラマ三角形　162

◆な　行

内向　166
内発的動機づけ　125
悩み　40
慣れ　148
二次予防　84
認知・行動モデル　146
認知機能　52

認知行動療法　144,180
認知的評価　175
認知モデル　150
認知療法　129,180
年間計画　30

◆は　行

バーン　154
箱庭療法　172
発達障害　68
発達段階　13
バッテリー　53
般化　183
反社会的行動　60
ピグマリオン効果　61
非言語式　51
非言語的コミュニケーション　43,44
非行　8,42
非社会的行動　60
引っ込み思案　72
評価的理解　60
開かれた生徒指導　21
比率IQ　51
不安障害　104,149
不注意優勢型　71,72
物理的いじめ　91
不適応　133
不登校　8,39,78,79,145
フロイト　164
プロモーター　27
分析心理学　164
偏差IQ　51
防衛機制　100
保護観察　111
保護司　111

母子一体性　172

◆ま　行

無意識　164
無条件の肯定的配　137
面接契約　46,135
メンタルヘルス　10
モデリング　59
問題解決的教育相談　26
問題行動　42,60
文部科学省　68,78,82,83,84
文部省　83

◆や　行

優等生の息切れ型　80
夢分析　172
ユング　164
養護教諭　41
予防的教育相談　26

◆ら　行

ライフスキル　174
ライフスタイル　182
ラケット　161
ラケット感情　160
ラポール　135
リストカット　146
理想の教師　58
裏面交流　156
両型混合型　71
リラクセーション　181
臨床心理士　139
連携　35
ロールプレイ　96

編 者

佐々木 雄二（さきき ゆうじ）　筑波大学名誉教授
笠井 仁（かさい ひとし）　静岡大学人文学部

執筆者〈執筆順〉

佐々木 雄二（さきき ゆうじ）　（第1章）編　者
清水 貴裕（しみず たかひろ）　（第2章）秋田大学教育文化学部
相馬 誠一（そうま せいいち）　（第3章）東京家政大学人文学部
笠井 仁（かさい ひとし）　（第4章）編　者
杉江 征（すぎえ まさし）　（第5章）筑波大学大学院人間総合科学研究科
瀧野 揚三（たきの ようぞう）　（第6章）大阪教育大学学校危機メンタルサポートセンター
田中 輝美（たなか てるみ）　（第7章）筑波大学大学院人間総合科学研究科
鈴木 聡志（すずき さとし）　（第8章）東京農業大学教職・学術情報課程
窪田 文子（くぼた のりこ）　（第9章）いわき明星大学人文学部
松岡 洋一（まつおか よういち）　（第10章）岡山大学学生支援センター
松岡 素子（まつおか もとこ）　（第10章）山陽学園短期大学
大山 みち子（おおやま みちこ）　（第11章）武蔵野大学大学院人間社会研究科・広尾心理臨床相談室
森山 敏文（もりやま としふみ）　（第11章）広尾心理臨床相談室
伊東 明子（いとう あきこ）　（第12章）常葉学園大学教育学部
井上 忠典（いのうえ ただのり）　（第13章）東京成徳大学応用心理学部
神村 栄一（かみむら えいいち）　（第14章）新潟大学人文社会・教育科学系
小澤 真（おざわ まこと）　（第15章）聖徳大学人文学部
山本 誠一（やまもと せいいち）　（第16章）立正大学心理学部
藤原 忠雄（ふじわら ただお）　（第17章）兵庫教育大学大学院臨床・健康教育学系
鈴木 常元（すずき つねもと）　（コラム1・3）駒澤大学文学部
佐瀬 竜一（させ りゅういち）　（コラム2・4）大阪国際大学人間科学部

イラスト

田中 輝美（たなか てるみ）　第4章・第7章・第9章・第10章・第13章・第15章・第16章・第17章
大山 みち子（おおやま みちこ）　第11章

図で理解する　生徒指導・教育相談

2010年10月 1 日　初版第 1 刷発行
2011年 5 月15日　　　第 2 刷発行

編著者　　佐々木雄二・笠井　仁
発行者　　石井　昭男
発行所　　福村出版株式会社
〒113-0034　東京都文京区湯島2-14-11
電話　03-5812-9702　FAX　03-5812-9705
http://www.fukumura.co.jp
印刷　モリモト印刷株式会社
製本　協栄製本株式会社

©Yuji Sasaki, Hitoshi Kasai 2010
Printed in Japan
ISBN978-4-571-24040-9 C3011
定価はカバーに表示してあります。

福村出版◆好評図書

沼田裕之・増渕幸男 編著
教育学 21 の問い
◎2,800円　ISBN978-4-571-10148-9　C3037

現代日本教育のあるべき姿を，教育の理想や価値という規範にかかわる21の「問い」で考え，模索する。

沼田裕之・増渕幸男・伊勢孝之 編著
道徳教育 21 の問い
◎2,700円　ISBN978-4-571-10149-6　C3037

人が社会で生きていくために不可欠な道徳教育を21の問いから考える。道徳教育に携わる人のための手引き書。

佐々木正治 編著
新教育原理・教師論
◎2,200円　ISBN978-4-571-10139-7　C3037

いじめや学級崩壊など，複雑化する教職の現場を踏まえ，従来の知見に現代的課題を組み込んだ新しい教師論。

佐々木正治・山崎清男・北神正行 編著
新教育経営・制度論
◎2,300円　ISBN978-4-571-10146-5　C3037

複雑化する学校環境に即したリスクマネジメント等を詳述。開かれた学校をめざす最新経営コンセプトを提示。

佐々木正治 編著
新中等教育原理
◎2,200円　ISBN978-4-571-10154-0　C3037

中等教育の基礎的な知見を，今日的課題をふまえ原理に基づきわかりやすく解説。中等教師のあるべき姿も展望。

楠本恭久・藤田主一 編著
新生徒指導論 12 講
◎2,300円　ISBN978-4-571-10150-2　C3037

教職を目指す人のための生徒指導の基本テキスト。教育基本法・学習指導要領の改訂に沿った生徒指導論改訂版。

石部元雄・柳本雄次 編著
特別支援教育
●理解と推進のために
◎2,500円　ISBN978-4-571-12102-9　C3037

学校，学級，通級各々の役割の中で，障害児一人ひとりのニーズに対応した，特別支援教育のあり方を読み解く。

◎価格は本体価格です。

福村出版◆好評図書

藤田主一・楠本恭久 編著
教職をめざす人のための教育心理学
◎2,200円　ISBN978-4-571-20071-7　C3011

教職をめざす人のための「教育心理学」に関する基本的テキスト。教育心理学の最新情報が満載の必読書。

鈴木眞雄 監修／宇田 光・谷口 篤・石田靖彦・藤井恭子 編集
教育支援の心理学
●発達と学習の過程
◎2,300円　ISBN978-4-571-22049-4　C3011

発達と学習の基礎から応用,さらに教育の今日的課題を教育支援の視点から解説。教職を目指す人必読の書。

川島一夫・渡辺弥生 編著
図で理解する　発　達
●新しい発達心理学への招待
◎2,300円　ISBN978-4-571-23049-3　C3011

胎児期から中高年期までの発達について,基本から最新情報までを潤沢な図でビジュアル的に解説した1冊。

櫻井茂男・大川一郎 編著
しっかり学べる発達心理学〔改訂版〕
◎2,600円　ISBN978-4-571-23046-2　C3011

基礎的な知識と新しい研究成果を紹介しつつ,学びやすさと本格派を追求。新しい情報をふんだんに盛り込み改訂。

繁多 進 監修／向田久美子・石井正子 編著
新　乳幼児発達心理学
●もっと子どもがわかる　好きになる
◎2,100円　ISBN978-4-571-23047-9　C3011

新幼稚園教育要領と保育所保育指針の改定を受け改訂。子どもの発達がわかりやすく学べる乳幼児発達心理学の書。

櫻井茂男・岩立京子 編著
たのしく学べる乳幼児の心理〔改訂版〕
◎2,400円　ISBN978-4-571-23048-6　C3011

基礎的知識に最新の研究成果と新しい情報をふんだんに盛り込み改訂。分かりやすい乳幼児心理学の入門書。

心理科学研究会 編
小学生の生活とこころの発達
◎2,300円　ISBN978-4-571-23045-5　C3011

心理学的知見から,学齢毎の発達に関わる課題を読み解く。より深く子どもを理解したい教育関係者必読の書。

◎価格は本体価格です。

福村出版◆好評図書

J.B.アーデン・L.リンフォード 著／安東末廣・笠井千勢・高野美智子 訳
脳科学にもとづく子どもと青年のセラピー
●日々の実践に役立つ治療法

◎4,000円　ISBN978-4-571-24044-7　C3011

ADHD, 不安障害, 気分障害などのセラピーに, 脳科学が果たす役割に注目した実践的ガイド。

近藤邦夫 著／保坂 亨 他 編
学校臨床心理学への歩み
子どもたちとの出会い、教師たちとの出会い
●近藤邦夫論考集

◎5,000円　ISBN978-4-571-24042-3　C3011

著者が提唱した「学校臨床心理学」を論文集から繙く。子ども, 学生, 教師, 学校現場に不変の理念を示唆する。

M.G.フローリー=オーディ・J.E.サーナット 著／最上多美子・亀島信也 監訳
新しいスーパービジョン関係
●パラレルプロセスの魔力

◎4,000円　ISBN978-4-571-24043-0　C3011

どう取り組むかで, 心理療法が大きく変わるスーパービジョンを, 受ける側と行う側の双方の立場から徹底解説。

吉田弘道・伊藤研一 著
遊　戯　療　法
●二つのアプローチ

◎2,000円　ISBN978-4-571-24041-6　C3011

遊戯療法の定義や技法から治療の実践までを, 来談者中心療法と精神分析療法という2つのアプローチから解説。

E.T.ジェンドリン 著／村山正治 他 訳
フ ォ ー カ シ ン グ

◎3,600円　ISBN978-4-571-24002-7　C3011

「からだ」を通じて人間の解放を行い, 新しい人間関係をめざす心理療法フォーカシングをわかりやすく解説。

小山 望 編著
わかりやすい臨床心理学入門

◎2,300円　ISBN978-4-571-24038-6　C3011

臨床心理学を学ぶ人やカウンセリングなどを必要とする人々を対象に, 理論と実践を平易に解説した入門書。

小山 望 編著
人間関係がよくわかる心理学

◎2,200円　ISBN978-4-571-20073-1　C3011

科学的学問としての心理学に基づき, トピック, キーワードをもとにやさしく解説した人間関係の心理学書。

◎価格は本体価格です。